# 马克思主义学生读本

# 什么是毛泽东思想?

丛书主编:韩喜平

本书著者:仲伟通

编委会: 韩喜平 邵彦敏 吴宏政
王为全 罗克全 张中国
王 颖 石 英 里光年

吉林出版集团股份有限公司

图书在版编目（CIP）数据

什么是毛泽东思想 / 仲伟通著. -- 长春：吉林出版集团股份有限公司，2012.12（2021.2重印）
（马克思主义学生读本）

ISBN 978-7-5534-1222-1

Ⅰ.①什… Ⅱ.①仲… Ⅲ.①毛泽东思想—青年读物②毛泽东思想—少年读物 Ⅳ.①A84-49

中国版本图书馆CIP数据核字(2012)第293883号

## 什么是毛泽东思想？
SHENME SHI MAO ZEDONG SIXIANG?

| | |
|---|---|
| 丛书主编： | 韩喜平 |
| 本书著者： | 仲伟通 |
| 项目策划： | 范中华　徐树武 |
| 责任编辑： | 陈　曲 |
| 出　　版： | 吉林出版集团股份有限公司 |
| 发　　行： | 吉林出版集团社科图书有限公司 |
| 电　　话： | 0431-81629720 |
| 印　　刷： | 永清县晔盛亚胶印有限公司 |
| 开　　本： | 710mm×960mm　1/16 |
| 字　　数： | 100千字 |
| 印　　张： | 12 |
| 版　　次： | 2012年12月第1版 |
| 印　　次： | 2021年2月第4次印刷 |
| 书　　号： | ISBN 978-7-5534-1222-1 |
| 定　　价： | 36.00元 |

如发现印装质量问题，影响阅读，请与出版方联系调换。

# 序　言

习近平总书记指出，青年最富有朝气、最富有梦想，青年兴则国家兴，青年强则国家强。青年是民族的未来，"中国梦"是我们的，更是青年一代的，实现中华民族伟大复兴的"中国梦"需要依靠广大青年的不断努力。

要提高青年人的理论素养。理论是科学化、系统化、观念化的复杂知识体系，也是认识问题、分析问题、解决问题的思想方法和工作方法。青年正处于世界观、方法论形成的关键时期，特别是在知识爆炸、文化快餐消费盛行的今天，如果能够静下心来学习一点理论知识，对于提高他们分析问题、辨别是非的能力有着很大的帮助。

要提高青年人的政治理论素养。青年是祖国的未来，是社会主义的建设者和接班人。党的十八大报告指出，回首近代以来中国波澜壮阔的历史，展望中华民族充满希望的未来，我们得出一个坚定的结论——实现中华民族伟大复兴，必须坚定不移地走中国特色社会主义道路。要建立青年人对中国特色社会主义的道路自信、理论自信、制度自信，就必须要对他们进行马克思主义理论教育，特别是中国特色社会主义理论体系教育。

要提高青年人的创新能力。创新是推动民族进步和社会发展的不竭动力，培养青年人的创新能力是全社会的重要职责。但创新从来都是继承与发展的统一，它需要知识的积淀，需要理论素养的提升。马克思主义理论是人类社会最为重大的理论创新，系统地学习马克思主义理论有助于青年人创新能力的提升。

要培养青年人的远大志向。"一个民族只有拥有那些关注天空的人，这个民族才有希望。如果一个民族只是关心眼下脚下的事情，这个民族是没有未来的。"马克思主义是关注人类自由与解放的理论，是胸怀世界、关注人类的理论，青年人志存高远，奋发有为，应该学会用马克思主义理论武装自己，胸怀世界，关注人类。

正是基于以上几点考虑，我们编写了这套《马克思主义学生读本》系列丛书，以便更全面地展示马克思主义理论基础知识。希望青年朋友们通过学习，能够切实收到成效。

韩喜平

2013年8月

# 目　　录

引　言 / 001

## 第一章　走近毛泽东 / 003

第一节　光辉伟大的一生 / 003
第二节　在历史的天平上 / 008

## 第二章　毛泽东思想的形成 / 013

第一节　毛泽东思想产生的社会历史原因 / 013
第二节　毛泽东思想的形成和发展历程 / 018

## 第三章　毛泽东思想的活的灵魂 / 026

第一节　实事求是 / 026
第二节　群众路线 / 030
第三节　独立自主 / 033

## 第四章　新民主主义革命理论 / 037

第一节　近代中国的社会性质和革命性质 / 037

第二节　新民主主义革命的总路线 / 042
第三节　新民主主义革命的基本纲领 / 048

## 第五章　新民主主义革命的"三大法宝" / 054

第一节　统一战线 / 054
第二节　武装斗争 / 061
第三节　党的建设 / 069

## 第六章　社会主义改造理论 / 075

第一节　中国社会由新民主主义向社会主义的转变 / 075
第二节　向社会主义过渡的总路线："一化三改" / 076
第三节　社会主义的"三大改造" / 079

## 第七章　社会主义建设的探索 / 085

第一节　《论十大关系》 / 085
第二节　关于社会主义社会的矛盾 / 091
第三节　毛泽东读苏联政治经济学教科书的启示 / 096
第四节　独立自主的和平外交政策 / 099

## 结束语 / 103

第一节　毛泽东思想永远是我们宝贵的精神财富 / 103
第二节　历史转折点是以真正高举毛泽东思想为标志的 / 105
第三节　中国特色社会主义理论体系是对毛泽东思想的历史验证 / 106
第四节　弘扬读书学习的传统，建设马克思主义学习型政党 / 107

## 知识链接 / 110

# 引　言

在历史的长河中，博大精深的思想体系——毛泽东思想，曾经并将继续对中国产生深刻而巨大的影响。那么，什么是毛泽东思想呢？

概括地说，毛泽东思想科学内涵的核心，就是把马克思列宁主义普遍真理同中国革命和建设具体实践相结合。其具体内涵概括为三句话："毛泽东思想是马克思列宁主义在中国的运用和发展，是被实践证明了的关于中国革命和建设的正确的理论原则和经验总结，是中国共产党集体智慧的结晶。"

"毛泽东思想是马克思列宁主义在中国的运用和发展"。毛泽东思想同马克思主义是一脉相承的统一的科学体系，它们在立场、观点、方法上，在基本原理上是完全一致的。毛泽东思想又是马克思主义在中国的具体化、民族化。这一句话揭示了毛泽东思想的直接理论来源和最突出的特征。

"毛泽东思想是被实践证明了的关于中国革命和建设的正确

的理论原则和经验总结"。这句话说明毛泽东思想是对中国革命和建设经验的总结，而且是被实践证明了的正确思想。凡是被实践证明是错误的思想观点，即使是毛泽东提出的，也不属于毛泽东思想的科学体系。也就是说，应该把毛泽东思想同毛泽东个人的思想相区别，特别是同毛泽东晚年的错误思想相区别。

"毛泽东思想是中国共产党集体智慧的结晶"。毛泽东是毛泽东思想的主要创立者；另一方面，毛泽东思想凝聚着党和人民的集体智慧。刘少奇、周恩来、朱德、邓小平、陈云等老一辈革命家在探索中国革命和建设的实践中，都直接或间接地为毛泽东思想的形成和发展作出了贡献。

毛泽东思想是发展了的马克思主义，是完整的、系统的，有多方面的内容。主要包括新民主主义革命理论，关于社会主义改造和社会主义建设理论，具体又细化为关于革命军队的建设、关于政策和策略、关于党的建设等内容。毛泽东思想是活的灵魂，是贯穿于上述各个组成部分的立场、观点和方法，它们有三个基本方面，即实事求是、群众路线、独立自主。毛泽东把辩证唯物主义和历史唯物主义运用于党的全部工作，在中国革命和建设的长期斗争中形成了具有中国共产党人特色的立场、观点和方法，丰富和发展了马克思列宁主义。

# 第一章　走近毛泽东

孟子曰："颂其诗，读其书，不知其人可乎？是以论其世也。"这一句的大意是，吟咏别人作的诗，读他们著的书，不知道他们的为人行吗？因此还要研究他们所处的时代。孟子的话启示我们，要深刻地理解某个思想，必须了解作者的生平与为人；而要了解作者的生平与为人，又必须研究他所处的时代。可见，学习、研究毛泽东思想应该从了解毛泽东开始。

## 第一节　光辉伟大的一生

毛泽东（1893年–1976年），字润之（原作咏芝），笔名子任，湖南湘潭人，是伟大的革命家、政治家、战略家、理论家和诗人，中国共产党、中国人民解放军和中华人民共和国的主要缔造者和领袖，毛泽东思想的主要创立者。

毛泽东的生平,按照历史时间顺序,大致可以分为以下三个阶段:

## 一、青年才俊

毛泽东于1893年12月26日出生于湖南湘潭韶山一个富裕的农民家庭。16岁前,毛泽东先后在韶山一带的南岸、关公桥、桥头湾、钟家湾、井湾里、乌龟井、东茅塘六处私塾读书。毛泽东后来把自己的私塾生活概括为"六年孔夫子"。1910年秋天,毛泽东离开闭塞的韶山,走向外面更广阔的世界,这是他人生历程中的第一个转折。临行前,他改写了一首诗,夹在父亲每天必看的账簿里:"孩儿立志出乡关,学不成名誓不还。埋骨何须桑梓地,人生无处不青山。"1911年辛亥革命爆发后,毛泽东参加了湖南起义的新军,当过半年兵。

1913年—1918年,毛泽东在湖南第一师范学校读书。这六年是毛泽东"饱读诗书,尝立志气"、"修学储能"的关键时期。毛泽东在诗词名篇《沁园春·长沙》中这样写道:"忆往昔峥嵘岁月稠。恰同学少年,风华正茂;书生意气,挥斥方遒。指点江山,激扬文字,粪土当年万户侯。曾记否,到中流击水,浪遏飞舟。"充分表达了青年时代毛泽东的才情与壮志。在这一时期,毛泽东的生活中既有像蔡和森、萧子升、杨开慧、陶斯咏等为代表的一代优秀青年为朋友,同时又有像杨昌济、孔昭绶等为代表的一批优秀教师为领路人。重读这段历史,我们能够深刻反思"学生应该怎样读书,教师应该怎样育人"这个与当今社会紧密相关的现实主题。

1918年8月15日,毛泽东和萧子升等24名青年,为了组织赴法勤工俭学,坐火车离开长沙,奔赴向往已久的北京。经老师杨昌济介绍,毛泽东认识了当时任北大图书馆主任的李大钊,做起了图书馆管理员。在北大的岁月里,毛泽东亲眼见到了新文化运动那些著名人物的活动,也结交了一些名人学者,开始具体地了解十月革命和马克思主义。1919年春天,毛泽东回湖南,全力投入《湘江评论》的编辑工作,并从事革命运动,在湖南创建了共产主义小组。1921年7月,他到上海出席中共一大;1923年出席在广州召开的中共三大;1926年—1927年,主持农民运动讲习所,在此期间先后发表《中国社会各阶级的分析》、《湖南农民运动考察报告》等,成为在全国有影响的农民运动权威,被称为"农民运动的王"。

## 二、革命领袖

国共合作发动的大革命失败后,面对国民党的大逮捕、大屠杀,中共中央于1927年7月在汉口召开紧急会议,毛泽东在会上提出了"枪杆子里出政权"的著名论断,显现了高明的战略眼光。会后,他到湘赣边发动和领导了秋收起义,被亲切地称为"毛政委"，领导建立了工农革命第一军第一师，后率部上井冈山，创建了第一个农村革命根据地。1928年，朱德、陈毅率领南昌起义余部与毛泽东在井冈山会师，组成工农红军第四军，毛泽东任党代表。在此期间的革命斗争中，毛泽东创造性地提出了"农村包围城市，武装夺取政权"的战略思想，开辟了一条极具中国特色的使新民主主义革命取得胜利的唯一正确的道路。1931年，中华苏维埃共和国中央临时政府成立，毛泽东任主席，从此有了"毛主席"的称呼。

由于以王明为代表的"左"倾冒险主义的错误，毛泽东之后被排挤出领导层之外。根据地第五次"反围剿"失败后，红军被迫长征。长征开始时，"左"的错误致使红军损失惨重。1935年，在贵州遵义召开中央政治局扩大会议，确立了以毛泽东为核心的党中央的正确领导。在毛泽东的指挥下，红军四渡赤水、横渡大渡河、爬雪山、过草地，胜利到达陕北，结束了长征。

1937年7月7日，抗日战争全面爆发。毛泽东领导人民开展敌后游击战争，建立抗日根据地，发表了《论持久战》等著作，指明了抗战的途径。1942年，毛泽东号召全党开展整风运动，使中共在思想、政治、组织上达到高度统一，为战胜困难和抗战胜利奠定了基础。

抗战胜利后，蒋介石不顾全国人民的反对与不满，向解放区发动全面进攻。毛泽东在分析敌我双方力量的基础上，提出了

"一切反动派都是纸老虎"的论断，粉碎了蒋介石对解放区的全面进攻和重点进攻。1948年9月到1949年1月，毛泽东指挥了辽沈、淮海、平津三大战役，取得了战略决战的胜利，接着号召"将革命进行到底"，发动渡江战役，命令解放军进军大西南、大西北，推翻了国民党反动派在大陆的统治。1949年，毛泽东主持召开七届二中全会，决定把党的工作重心从农村转向城市，并规定了党在全国胜利以后的各项基本政策。

## 三、共和国主席

1949年10月1日，中国的历史揭开了新的一页。下午2时，毛泽东在中南海勤政殿主持召开中央人民政府委员会第一次会议，中央人民政府宣告成立。下午3时，开国大典隆重开幕，毛泽东走近麦克风，用洪亮的声音向全中国、向全世界庄严宣告："中华人民共和国中央人民政府成立了。"新中国成立后，毛泽东把注意的重点逐渐从军事战线移到经济战线。面对严峻的经济形势，毛泽东把平抑物价作为稳定经济、稳定社会、稳定人心的中心环节，发动"银元之战"和"米粮之战"，镇压反革命运动，并通过"三反"、"五反"运动恢复了国民经济。1950年6月25日朝鲜战争爆发，为了保家卫国，毛泽东作出了抗美援朝的决定，经过志愿军的艰苦作战，抗美援朝战争取得了胜利。

从1953年起，全国范围的大规模经济建设开始了。按照毛泽东的建议，中共中央宣布了党在过渡时期的总路线，开始有系统地进行社会主义工业化改造和对生产资料私有制的社会主义改造。1956年4月，毛泽东发表《论十大关系》的讲话，对适合中国国情的社会主义道路进行了初步探索。同年9月，社会主义改造基本完成，中共八大召开，指出全国人民的主要任务已经转变为集中力量发展生产力。1957年2月，毛泽东作了《关于正确处理人民内部矛盾的问题》的讲话，提出正确区分和处理社会主义社会人民内部和敌我两类不同性质矛盾的学说。

1976年9月9日，一代伟人毛泽东逝世，他又回到了孕育他的大地。作为个人，他消失到了历史之中，但作为历史造就的伟人，他的精神遗产将长留天地。

## 第二节　在历史的天平上

### 一、党和人民的评价

毛泽东在全党、全国人民心中享有崇高的威望。我党和全国人民在不同的时期和不同的历史条件下给予了毛泽东高度评价。

1981年，中共中央十一届六中全会通过了《关于建国以来党的若干历史问题的决议》，实事求是地评价了毛泽东的历史地位，论述了毛泽东思想作为党的指导思想的重大意义。指出：

"毛泽东同志是伟大的马克思主义者，是伟大的无产阶级革命家、战略家和理论家。他为党和中国人民解放军的创立和发展，为中国各族人民解放事业的胜利，为中华人民共和国的缔造和我国社会主义事业的发展，建立了永远不可磨灭的功勋。他为世界被压迫民族的解放和人类进步事业作出了重大的贡献。"

1980年，邓小平在回答意大利记者法拉奇的提问时高度评价了毛泽东。邓小平指出，毛主席的功绩是第一位的，他是中国共产党、中华人民共和国的主要缔造者。

胡锦涛在纪念毛泽东诞辰110周年座谈会的讲话中指出："中国出了个毛泽东，这是中国共产党的骄傲，是中国人民的骄傲，是中华民族的骄傲。在为中国人民不懈奋斗的光辉一生中，毛泽东同志表现出了一个伟大革命领袖高瞻远瞩的政治远见、坚定不移的革命信念、炉火纯青的斗争艺术和杰出高超的领导才能。在中国革命和建设的壮丽历史画卷中，在祖国九百六十万平方公里的锦绣大地上，都留下了他作为一代伟人的风采。他不仅赢得了全党和全国各族人民的爱戴和敬仰，而且也赢得了世界上一切向往进步的人们的敬佩。毛泽东同志作为一个伟大的历史人物，属于中国，也属于世界。""毛泽东同志的革命实践和光辉业绩已经载入中华民族的史册。他的名字、他的思想、他的精神，将永远鼓舞着我们继续推动中国社会向前发展。"

近期召开的党的十八大上，代表们集体给毛泽东等老一辈革命家默哀，体现了党中央对他们的缅怀与尊重。胡锦涛在报告中满怀深情地回顾了以毛泽东为核心的党的第一代中央领导集体的伟大功绩，指出："以毛泽东同志为核心的党的第一代中央领导集体带领全党全国各族人民完成了新民主主义革命，进行了社会主义改造，确立了社会主义基本制度，成功实现了中国历史上最深刻最伟大的社会变革，为当代中国一切发展进步奠定了根本政治前提和制度基础。在探索过程中，虽然经历了严重曲折，但党在社会主义建设中取得的独创性理论成果和巨大成就，为新的历史时期开创中国特色社会主义提供了宝贵经验、理论准备、物质基础。"

在家乡人眼中，毛泽东生活简朴，住所陈设简陋，衣着普通，保持着湖南地方饮食习惯，喜欢吃辣椒、红烧肉，喜冷浴，会游泳，工诗词，善书法。自由评论家李敖著文说："毛泽东精神就是一种强烈的自信、自尊、自主、自强的精神，就是一个人、一个民族要活得顶天立地的精神，它是自唐代以来久失了的浩然之气和自强不息精神，是1840年以来中华民族面对保国、保种、保教三重危机的挑战而激应出的勇敢的应战精神，它是我们民族的精神。"

## 二、国际社会的评价

国外的政治家、军事家、外交家、记者和学者等各界人士从学识、军事才能、经济建设成就、对中国和世界的影响等方面对毛泽东进行了较为客观的评价。但也有西方国家利用反动文人对毛泽东进行诋毁与攻击，我们一定要擦亮自己的双眼，抵制西方对毛泽东的歪曲与丑化。

1949年2月7日，毛泽东第一次成为《时代》杂志封面人物。一个星期前，平津战役刚刚结束，古都北平和平解放。对于中国大地上的风云突变，《时代》作了如此描述："37年前，在湖南长沙的省立图书馆里，一个19岁的农村小伙子第一次突破他狭窄的视野，开始阅读世界地图。他后来回忆说，当时他怀有极大的热情和兴趣。上周，当年那个农村小伙子再次阅读了那张世界地图，只不过这一次他用的不是铅笔，而是铁和血。毛泽东，正引领着中国加入世界共产主义阵营。对西方而言，这是一场巨大的灾难，其后果目前还无法估量；对共产主义而言，却显然是俄国十月革命之后最伟大的胜利；对绝大多数中国百姓而言，则意味着和平——战争也许会迅速结束；对毛泽东而言，则意味着巨大的荣耀。5亿困顿疲惫的中国民众在上周见证了毛的辉煌——他们进入了北平。"

美国记者安娜·路易斯·斯特朗曾这样描述毛泽东："他是一位农民的儿子。他在大学学过中国古文和现代西方学说，后来他接受了马克思主义的分析方法。他把这种分析运用于中国情况和中国人民面临的问题，在这一方面，他是一位大师。他在中国农村的中心地区被封锁了20多年，在贫瘠的西北的一个窑洞里运筹帷幄，组织领导了今天的胜利。"

《毛泽东传》的作者特里尔认为："尽管毛有过失，但毛是20世纪魅力超群的政治家，他使中国有了一个新的开端"，"在中国和世界的历史上，毛都占有重要地位。毛领导了一场摧毁旧中国的革命……他为世界上这一最为古老又最为庞大的国家恢复了独立，赢得了地位。"

## 三、毛泽东的自我评价

《道德经》上说："知人者智，自知者明。"毛泽东对自己的评价却中肯、低调，显示了一代伟人的谦逊美德。

毛泽东对自己的总体看法是"三七开"。1961年，毛泽东在与卫士张仙明谈到他的志愿时说："我这个人啊，好处占百分之七十，坏处占百分之三十，就很满足了。我不隐瞒自己的缺点，我不是圣人。"

毛泽东始终认为，整个人类历史是由最底层、最广大的人民群众创造的，而个人是微不足道的。他说："群众是真正的英雄，而我们自己则往往是幼稚可笑的。谁不了解这一点，谁就不懂得最起码的知识。"这是毛泽东的谦虚品格，也是毛泽东的伟大之处。

# 第二章　毛泽东思想的形成

## 第一节　毛泽东思想产生的社会历史原因

众所周知，任何思想都不是凭空产生的，都是在特定的社会历史条件下，在较长时期的发展过程中形成的。毛泽东思想也不例外，是20世纪中国社会和革命运动发展的客观要求和必然产物。

### 一、阶级基础：工人运动的蓬勃发展

1840年的鸦片战争是中国历史的转折点。鸦片战争以前的中国，是一个统一的封建国家。西方列强用大炮掀开了中国近代史的第一页，西方列强相继侵入中国，封建社会的中国逐步沦为半殖民地半封建社会。中国封建社会男耕女织的自然经济被瓦

解。19世纪四五十年代，在西方入侵较早的各通商口岸，外国开始建立工厂企业，在这里产生了中国的第一批产业工人。19世纪60年代，清政府自救的洋务运动创办的企业中出现了第二批产业工人。到20世纪一二十年代，中国的资本主义有了一定程度的发展，作为近代社会新兴阶级的无产阶级也随之有了发展。到1919年五四运动前夕，中国近代产业工人已达200万。尽管这个数字在全国总人口中的比例不大，但其毕竟代表了中国社会的未来走向。

另外，五四时期，中国已经有了一批数量相当大的具有现代知识的青年学生和知识阶层，他们中的先进分子是接受新思想、新文化的先锋，其中的一部分成为最早接受和传播马克思列宁主义的先驱。他们在研究宣传马克思主义并深入工人群众的过程中，在参加反帝反封建的实际斗争中，一步步成长起来，为无产阶级政党的创建准备了干部基础。

## 二、思想理论条件：新文化运动的兴起和马列主义的传播

1915年兴起的新文化运动是一次前所未有的伟大的思想解放和启蒙运动，为马克思主义在中国的传播开辟了道路。1915年陈独秀在上海创办《青年杂志》（第二期改名为《新青年》），高举民主和科学两面大旗，从政治观点、学术思想、伦理道德、文

学艺术等方面对封建主义进行了猛烈的冲击。它启发了人们的觉悟，为外国各种思想流派的传入打开了闸门，激励人们去探求救国救民的真理，从而为接受十月革命的影响，为马克思列宁主义在中国的广泛传播，创造了条件。

马克思主义诞生于19世纪的欧洲，是资本主义工业文明时代的产物。19世纪末20世纪初，列宁把马克思主义同俄国实际相结合，创立了列宁主义。1917年，俄国十月革命的消息引起了中国思想界的巨变。中国先进的知识分子开始将眼光转向俄国，开始接受和传播马克思主义，并初步用马克思主义的观点和俄国十月革命的经验重新考虑中国的前途问题，最终形成了适合中国情况的正确指导思想——毛泽东思想。

## 三、实践基础：中国共产党领导的人民革命

20世纪前期的中国处于半殖民半封建社会，推进民族民主革命肯定会遇到比欧洲国家更加艰难、更加复杂的问题。照搬外国的经验和马克思主义的个别理论，是不可能解决中国问题的。这就要求中国共产党必须学会运用马列理论去解决中国革命和建设的问题，也就是把马克思主义中国化，即和中国实际相结合。

熟悉党的历史的人知道，从党的成立到抗战胜利，中间有两次胜利、两次失败，即北伐战争的胜利到大革命的失败，土地革命战争的胜利到第五次反"围剿"的失败。这两次胜利、两次

失败，使中国共产党得以从对比中对中国革命的规律作深入的思考，为毛泽东思想提供了丰富、生动的经验。在战争时期，以毛泽东为代表的中国共产党人以无产阶级革命家的超凡的智慧和大无畏的勇气，正确处理了重重矛盾，成功应付了变幻万千的政治风云，也积累了丰富的经验。

## 四、文化基础：毛泽东特殊的文化修养

作为湖南人，毛泽东对传统文化的吸收和选择，深受以强调经世致用、主张躬行实践为基本特征的湘学士风的影响。中国传统文化的优秀部分，给青年时代的毛泽东留下了深刻印象。他还阅读了大量资产阶级民主主义和近代科学著作，从中外文化里汲取营养。在实践认识过程中，他逐渐接受了马克思主义，并信奉终生。在中西文化两大体系中，中国传统文化在他的精神世界里有更深的烙印、更多的积淀。他对中国传统文化精湛的理解、深邃的判断和纯熟的运用为马克思主义中国化、民族化提供了一个重要条件。

**案例分析：**

毛泽东的读书生活

毛泽东是伟大的革命家，也是学识渊博的学问家。孜孜不息的读书生活伴随着毛泽东的一生，和他的革命生涯紧紧地联系在一起。毛泽东从幼年起，就勤奋好学，酷爱读书。随着年龄的增

长，他的读书欲望愈来愈强烈。即使在最艰苦最紧张的革命战争环境，他也总是不忘读书。

毛泽东早年从《三字经》、《百家姓》、《增广贤文》等普及读物入门，去接触儒家文化。随后是读"四书"、"五经"、《左传》，使他对历史产生了浓厚的兴趣。同时，他被一些"闲书"和"杂书"吸引，读过《说岳全传》、《水浒传》、《隋唐演义》、《三国演义》和《西游记》等。他在湖南第一师范学校就读期间，从先秦诸子到明清时代的思想家的著作，从《二十四史》到《资治通鉴》，从《昭明文选》到《韩昌黎全集》，他都认真读过。又读了七年"新学"，即资产阶级的政治哲学著作，以及一些自然科学著作。如亚当·斯密的《原富》、卢梭的《民约》、孟德斯鸠的《法意》、达尔文的《物种起源》和赫胥黎的《天演论》等书，他都进行了潜心研究。总之，毛泽东孜孜不倦、勤奋好学的一生，为我们深刻诠释了学习的普遍性和永久性，为人们正确认识和解决学习这一问题提供了楷模和思路。

青春是人生的黄金时期，它只有一次。青春之何为不虚度，唯有学习显真章。50多年前，毛泽东说过一段很精彩的话："有了学问，好比站在山上，可以看到很远很多的东西；没有学问，如在暗沟里走路，摸索不着，那会苦煞人。"《说苑》也有云："少而好学，如日出之阳；壮而好学，如日中之光；老而好学，如炳烛之明。"我们当代青年学生须以毛泽东为楷模，把一生最美好的时光献给学习，立志图强，方能不负时代的重托。

## 第二节　毛泽东思想的形成和发展历程

毛泽东思想作为马列主义普遍原理与中国革命具体实践结合的产物，在形成和发展的过程中经历了萌芽、初步形成、成熟、完善和曲折发展时期五个阶段。

### 一、毛泽东思想开始萌芽

时间大体上是自1921年至1927年，即中国共产党的创建和国民革命时期。中国共产党成立初期，李大钊、毛泽东等已经初步表达了马克思主义应该与中国实际结合的思想，他们开始注意运用马克思主义的一般原理来分析中国社会和中国革命的实际情况。1922年中共二大制定了党在民主革命阶段的反帝反封建纲领，在马克思主义和中国实际相结合的道路上迈出了可喜的第一步。毛泽东在这个阶段虽然还不是党的主要领导人，但他在从事革命的实践中对中国革命基本问题认真地作了理论上的探索，作出了独特的贡献。这一时期，他发表的《中国社会各阶级的分析》、《湖南农民运动考察报告》等，集中体现了中国共产党人把马克思主义和中国实际结合起来的最初成果。遗憾的是，中国共产党早期领导人的这些正确思想，没有转化为党的正确的路线、方针，相反，党在指导思想上出现了右的错误倾向，导致了1927年国民革命的失败。这时，毛泽东思想处于萌芽阶段。

## 二、毛泽东思想初步形成

时间大体上是自1927年至1935年，即土地革命前、中期。在领导中国革命的过程中，毛泽东率先在实践上走出了一条先在农村实现"工农武装割据"，积蓄和发展革命力量，以待时机，最后夺取城市、夺取全国胜利的道路。这是一条完全不同于俄国十月革命通过中心城市武装起义夺取全国胜利的、在马克思主义的本本上没有的新的革命道路。与此同时，毛泽东同当时国际共产主义运动和中国共产党内盛行的教条主义错误倾向进行了不懈的斗争。1930年5月，毛泽东撰写的《反对本本主义》，强调坚持"从斗争中创造新局面的思想路线"；强调"到群众中作实际调查去"，"没有调查，就没有发言权"；强调"中国革命斗争的胜利要靠中国同志了解中国情况"。基本形成了体现毛泽东思想的活的灵魂——实事求是、群众路线、独立自主的马克思主义的思想路线，这标志着毛泽东思想的初步形成。

在毛泽东思想形成过程中，中共六大等党的重要会议和周恩来、瞿秋白、朱德、刘少奇等党的其他领导人，也为毛泽东思想的形成作出了各自的努力，从不同的方面提出过许多正确的主张和思想观点，为毛泽东思想的形成及其后的发展提供了丰富的思想源泉。

## 三、毛泽东思想走向成熟

时间大体上是自1935年至1945年，即土地革命后期和抗日战争时期。毛泽东思想在这个时期得到系统总结和多方面的展开而达到成熟，并被确立为党的指导思想。毛泽东大力进行理论研究工作，着重从思想路线的高度总结中国革命的历史经验。在党的六届六中全会上，毛泽东向全党明确提出了"马克思主义中国化"的历史任务；在《〈共产党人〉发刊词》中，他又反复阐明了"马克思主义的理论和中国革命的实践相结合"这个根本的思想原则。1942年至1945年间的延安整风运动，是一次普遍的马克思列宁主义教育运动，也是破除党内把马克思主义教条化、把共产国际决议和苏联经验神圣化的错误倾向的思想解放运动。毛泽东在此期间撰写了大量关于中国革命的科学著作，科学总结了中国革命正反两方面的经验，揭示了中国革命的特殊规律。经过这场整风运动，全党对把马克思列宁主义理论与中国革命实际相统一的毛泽东思想有了进一步的认识，毛泽东思想在中共七大上被确立为党的指导思想。

中央领导集体的其他成员刘少奇、周恩来、朱德等，为毛泽东思想的成熟也作出了各自的重要贡献。刘少奇的《论共产党员的修养》、《论党内斗争》、《论党》，周恩来的《关于党的"六大"研究》、《论统一战线》，朱德的《论解放区战场》等，分别从党的建设、统一战线、武装斗争等方面丰富了毛泽东思想的内容，共同构建了毛泽东思想的科学体系。

## 四、毛泽东思想的完善

时间大体上是自1945年至1956年，即解放战争时期和由新民主主义向社会主义过渡时期。抗日战争胜利后，中国共产党领导全国人民在毛泽东思想的指导下取得了解放战争的伟大胜利，建立了中华人民共和国，毛泽东思想继续在实践中发展。1956年9月召开的中共八大，科学地总结了七大以来，特别是新中国成立以来的成就与经验，为社会主义事业的新发展指明了方向。毛泽东及时地率领全党进行了社会主义建设新道路的探索，取得了可贵的成果。刘少奇、周恩来、朱德、陈云、邓小平作为以毛泽东为核心的中共第一代中央领导集体的重要成员，提出了许多重要思想，为毛泽东思想的丰富和发展作出了各自的贡献。

## 五、毛泽东思想的曲折发展

时间大体上是自1957年至1976年，即全面建设社会主义时期和"文化大革命"时期。1956年中国基本完成了"三大改造"，社会主义基本制度确立。以毛泽东为核心的中共第一代领导集体不仅明确地提出了探索中国自己的社会主义建设道路的伟大历史任务，确立了社会主义现代化的目标，提出了把工作重点转移到技术革命和社会主义建设上来的思想、中国工业化道路思想、社会主义经济体制改革的思想，以及社会主义民主政治建设、文化建设、执政党建设的思想，创立了社会主义社会基本矛盾学说、两类社会矛盾学说和正确处理人民内部矛盾的理论。它标志着毛泽东思想发展到了一个新的高峰。

**案例分析：**

早年毛泽东的"起与落"

第一"落"：被"开除中央临时政治局候补委员"

1927年秋收起义失利后，毛泽东迅速作出决断，停止向大中城市的进攻，带着队伍上山，转向敌人统治力量薄弱的农村地区。上山，是当时唯一正确的选择，但中央却认为他"停止长沙暴动"，是"放任工农革命军退走"，是"临阵脱逃"。很快，毛泽东就被"开除中央临时政治局候补委员"。后来以讹传讹，又演变成"被开除党籍"。这就是毛泽东的第一"落"。随着共产党领导的暴动一次次失败，人们才逐渐认识到毛泽东是正确的。毛泽东为中国共产党保存了实力，搞出了一个工农武装割据的成功案例，他不仅让一些起义队伍有了归宿，而且为众多的起义队伍提供了榜样，中央对他的处分自然也就烟消云散了。

## 第二"落":落选前委书记离开红四军

毛泽东的第二"落"是红四军内部意见分歧的结果。由于红军当时处于初创时期,红四军内部对如何带兵打仗、如何发展壮大红军,爆发了大争论。在讨论中,毛泽东一度成了少数派。中央特派员刘安恭甚至说他是"自创体系",是"反中央派"。红四军召开党代表大会选举前委书记时,毛泽东落选了,只好离开红四军,到地方工作。直到几个月后,主持中央工作的周恩来作出裁决,对毛泽东提出的工农武装割据思想、关于红军建设的一些基本原则进行了肯定,毛泽东才被再次请回了红四军。

## 第三"落":成为中央批判对象

毛泽东的第三"落"情况更为错综复杂,最主要的原因是毛泽东同中央在认识上存在根本分歧,即以什么方式实现中国革命的胜利。当时从苏联学习回来的一些中央负责人对毛泽东的提议不屑一顾,讥讽毛泽东:"山沟"里出不了马克思主义!很快,毛泽东又一次成了中央批判的对象,被派去做地方工作。1931年11月的赣南会议,撤销了毛泽东中共苏区中央局代理书记和红一方面军临时总前委书记职务。1932年10月的宁都会议,又撤销了毛泽东的军事领导职务。1934年,陷入敌人重重包围的红军被迫长征。在生死攸关的转折点上,历史选择了毛泽东,随着毛泽东在红军和中共中央的领导地位的确立,屡遭挫折的红军柳暗花明,从此开始了不断走向胜利的征程。

## 毛泽东思想的提出始末

毛泽东思想作为一个科学概念的提出也经历了一个较长的酝酿过程。

1941年3月,党的理论工作者张如心在《论布尔什维克的教育家》一文中,首先使用了"毛泽东同志的思想"这一提法。1943年7月5日,王稼祥在《解放日报》上撰文《中国共产党与中国民族解放的道路》,正式提出了"毛泽东思想"这一理论问题。1943年,是全党同志对毛泽东思想的认识取得突破性飞跃的一年。当时人们普遍感觉到列宁写了那么多著作方称为列宁主义,毛泽东与列宁相比,还有一段差距,故王稼祥提出"毛泽东思想"这一命题,很快被当时的人们接受,并逐步取代了"毛泽东主义"这个命题。刘少奇引用王稼祥这一理论命题,在党章上明确写道:"中国共产党,以马克思列宁主义的理论与中国革命的实践之统一的思想——毛泽东思想,作为自己一切工作的指针,反对任何教条主义的或经验主义的偏向。"这是中国共产党在七大写在党章上的对"毛泽东思想"问题的统一认识。

## 学习毛泽东思想的方法问题

对于学习毛泽东思想,每个人都会有自己的学习方法,以下几点可供大家参考。

首先要阅读和学习相关的书籍,如中央文献研究室编写的《毛泽东传》、《毛泽东年谱》,美国学者特里尔写的《毛泽东传》；可以阅读毛泽东相关的普及书籍，如龚育之的《毛泽东的读书生活》、李锐的《毛泽东早年的读书生活》和《毛泽东的早年与晚年》等；还可以阅读理论性更强的《毛泽东选集》、《毛泽东文集》。

其次，要坚持学习理论与了解历史相结合的原则。毛泽东思想是近现代中国政治经济发展的必然产物，是同现代中国历史的发展走向密切相连的，要把学习毛泽东的重要著作和近现代史、党的重要文献和历史相结合。

第三，要坚持一切从实际出发、理论联系实际的原则。学习毛泽东思想不是为了学习而学习，学习理论是为了实践。

# 第三章　毛泽东思想的活的灵魂

活的灵魂是一种形象化的概括，毛泽东思想的活的灵魂指的是毛泽东思想的本质、核心、精髓，最能体现毛泽东思想的科学性和生命力，也就是毛泽东思想的根本立场、观点和方法。掌握毛泽东思想的活的灵魂，就是要用毛泽东思想的立场、观点和方法去思考、解决现实中的实际问题。实事求是、群众路线和独立自主，是贯穿于毛泽东思想的活的灵魂，掌握了这三个基本方面就掌握了毛泽东思想的精神实质。

## 第一节　实事求是

实事求是是毛泽东思想的精髓，是毛泽东思想的出发点和立足点。

## 一、实事求是是中国共产党的思想路线

"实事求是"本来是中国的一个成语,泛指求真务实的治学、治国、处世的态度。毛泽东吸收了这个成语的基本的合理的含意,运用马克思主义观点,重新对它作了科学的阐释,赋予其崭新的内容,使"实事求是"这一概念获得了强大的新的生命力。

毛泽东对实事求是原则的概括与解释,有一个历史过程。他从参加革命活动起,就十分注重分析实际,注重调查情况。第一次国内革命战争时期,他在湖南的农村作了深入调查之后,写了《湖南农民运动考察报告》,针对党和红军中存在的照搬外国经验的教条主义(当时称为"本本主义"),写了著名的《反对本本主义》,作了"没有调查就没有发言权"的著名论断,后来在延安整风运动中又写了一篇《改造我们的学习》的报告,第一次从哲学的高度对"实事求是"作出具体的解释,赋予它新的含义。毛泽东还为专门培养党的高级干部的中央党校写了"实事求是"四个大字作为校训,至今依然保留。

党的七大把毛泽东思想确立为全党的指导思想,同时也把实事求是确立为全党的思想路线。可后来,我们党犯了"左"的错误,偏离了实事求是的思想路线。粉碎"四人帮"之后,邓小平又重新确立了实事求是的思想路线,实行改革开放,并取得了辉

煌成就。

## 二、实事求是思想路线的基本要求

实事求是就是一切从实际出发，理论联系实际，坚持实践是检验真理的标准，这就是我们党的思想路线。具体来说，实事求是的思想路线包括以下几项要求：

第一，一切从实际出发。即从不以人的主观意志为转移的客观事实出发，而不是从"本本"或"原则"出发。这是做到实事求是的基本前提。为此，要用全面性的观点看问题，了解事实的全面情况，不能孤立地看问题；要用联系和发展的观点看问题，深入研究客观事物的内在矛盾及事物和现象之间的相互联系，把握事物的本质及其发展规律，坚持具体问题具体分析。

第二，理论联系实际。就是要把马克思列宁主义普遍原理与中国革命和建设的具体实际相结合。这是做到实事求是的根本途径和方法。具体来说，一方面要以马克思列宁主义为指导来正确认识中国的客观实际，开展对中国的历史实际和现实问题的调查与研究；另一方面，也是实质性的一方面，就是要在实践中总结中国革命和建设的实践经验，使之马克思主义化，以中国自己的独创性理论来进一步丰富和发展马克思列宁主义。

第三，坚持实践是检验真理的唯一标准。这是贯彻实事求是思想路线的根本目的和验证条件。毛泽东坚持了马列主义关于实践是检验真理标准的思想，在此基础上进一步强调了实践标准的唯一性。

**案例分析**

"实事求是"的历史典故

"实事求是"一语出自《汉书·河间献王传》。西汉时期，景帝刘启的三儿子刘德被封为河间献王。刘德以喜欢研究学问著称，他经常阅读并搜集很多先秦时代的古书，掌握了丰富的研究资料，认真地从事学术研究和历史的考证工作。他的这种认真、负责、严肃的治学态度，受到很多人的称赞。因此，班固在撰写《汉书》的时候，为刘德立了《汉书·河间献王传》。在传中颂扬他的治学态度为"修学好古，实事求是"。后来，唐朝大学者颜师古对这句话的注释为："务得事实，每求真是也。"意思是说，研究学问一定要掌握充分的事实根据，然后再从事实中找出真实的结论。

位于湖南长沙的岳麓书院是我国四大书院之一。其中用于教学和举行重大活动的场所——讲堂檐前悬挂的匾额上题写的就是"实事求是"。在讲堂两旁还有一副对联——"工善其事必利其器，业精于勤而荒于嬉"与"实事求是"的匾额相呼应，告诫学生在做人态度和处世作风上不能懈怠，必须精益求精，注意方法，解决问题。毛泽东青年时代多次在岳麓书院读书学习，对书院的训诫深有感触。受其启发，提出了"实事求是"思想路线。

### "实事求是"碑的来历

从建党的那天起，以毛泽东为代表的卓越的领导人，就尝试着把马列主义的普遍真理与中国革命的具体实践相结合，与形形色色的教条主义作斗争。遵义会议后，确立了以毛泽东为代表的新的党中央的正确领导，结束了王明"左"倾冒险主义在党中央的统治。王明的时代虽然结束了，可是它造成的影响并不是一下子就能肃清的，主观主义和教条主义还在作祟。教训如此之多，情况这样复杂，毛泽东认为有必要组织党的高级领导干部，对党的历史经验、路线，进行认真地学习和清理。这就是著名的延安整风运动。整风运动开始不久，1942年6月12日，中共中央党校大礼堂在"红色首都"延安的宝塔山下落成，毛泽东应邀兴致勃勃地题写了"实事求是"四个大字。那字体兼具山海之势，颇见一代伟人的气度与风采。1943年12月12日，这四个大字被刻在石板上，镶嵌在大礼堂正面的墙上，作为全党同志学习的座右铭。1947年3月，胡宗南进犯延安，人们郑重地取下石刻，埋入地下。解放后，党校旧址上办起了师范学校，师生们在一次建校劳动中挖出了石刻，交延安革命纪念馆保存至今。

## 第二节 群众路线

群众路线是中国共产党的根本工作路线。群众路线就是一切为了群众，一切依靠群众，从群众中来，到群众中去。这就是说，从群众的利益出发，深入到群众当中去，把群众的意见集中起来，化为系统的意见，又回到群众中贯彻下去，在群众的行为中检验这些意见是否正确。如此循环往复，使我们党的认识更正确、更生动、更丰富。

群众路线和群众观点是我们的传家宝。无论是在战火纷飞的峥嵘岁月，还是在建国以后的和平时期，毛泽东都一贯把群众看成真正的英雄，把群众路线当作珍贵的法宝。因为这个法宝曾使我们以弱胜强，克敌制胜；因为这个法宝能使祖国昌盛，人民幸福。历史的经验、长期的实践告诉我们，党一刻也不能脱离群众，共产党人的一切言论行动，必须以合乎最广大人民群众的根本利益，为最广大人民群众所拥护为最高标准。"只要我们依靠人民，坚定地相信人民群众的创造力是无穷无尽的，因而信任人民，和人民打成一片，那就任何困难都能克服，任何敌人也不能压倒我们，而只会被我们所压倒。"

一切为了群众，一切依靠群众是群众路线的核心内容。如果说一切为了群众讲的是目的，就是为什么要这样做，那么一切依靠群众则讲的就是手段的问题，就是如何去做、采取什么方式去做的问题。一切为了群众，全心全意地为人民服务，是党的根本宗旨，是党一切工作的根本出发点和归宿，是无产阶级政党区别于其他政党的显著标志；一切为了群众，就必须对人民负责，善于为人民服务。党的一切工作，必须以最广大人民的根本利益为最高标准。一切依靠群众，就是要相信群众能够自己解放自己，尊重和支持人民群众的革命首创精神；一切依靠群众，就应该虚心向人民群众学习，应该善于从群众的议论中发现问题，提出解决问题的方针和政策；一切依靠群众，必须在一切工作中发动群众、组织群众。要在新形势下努力创造发动与组织群众的新方式、新方法。

从群众中来，到群众中去，讲的是中国共产党的领导方法和工作方法，是群众路线的又一重要内容。从群众中来，到群众中去的领导方法，是同"从实践中来，到实践中去"的认识过程完全一致的，是马克思主义认识论在领导工作中的创造性运用。要做到"从群众中来，到群众中去"，首先要虚心向人民群众学习，到群众中做调查工作。做到从群众中来，只是完成了领导工作的第一步，更重要的是要让这些从群众中集中起来的领导意见再回到群众中去，使群众认识到这些意见是符合他们的根本利益的，使党的路线、方针、政策转化成为人民群众改造客观世界的物质力量。同时，必须采取一般号召和个别指导相结合的方法。

**案例分析**

"三大纪律八项注意"

"三大纪律八项注意"是中国人民解放军的优良传统和行动准则，体现了人民军队的本质和宗旨。三大纪律为"一切行动听指挥，不拿群众一针一线，一切缴获要归公"，八项注意为"说话和气，买卖公平，借东西要还，损坏东西要赔，不打人骂人，不损坏庄稼，不调戏妇女，不虐待俘虏"。"三大纪律八项注意"言简意赅，包含了丰富而深刻的思想内容。不拿群众一针一线的严格纪律，以及说话和气、买卖公平、借东西要还等具体要求，体现了中国人民解放军的性质、全心全意为人民服务的宗旨和军民一致的原则，表明中国人民解放军是一支无产阶级的新型人民军队。这充分体现了群众路线在军队中的运用，从而获得了全国人民的真诚拥护和欢迎，是中国人民解放军无往而不胜的重要保证。

## 第三节　独立自主

独立自主、自力更生，是以毛泽东为代表的中国共产党人提出的一项基本方针，是中国革命和建设所必须坚持和遵守的基本原则，坚持从中国实际出发，依靠群众进行革命和建设的必然结论，是对中华民族自强不息精神的继承和发扬。

首先要立足本国实际，走适合国情的革命和建设道路。在中国民主革命过程中，曾经有过把共产国际指示和苏联经验神圣化、教条化的倾向，并带来了巨大的挫折。通过不断总结经验教训，中国共产党创造性地开辟了农村包围城市的革命道路，从而最终取得了革命的胜利。在抗日战争和解放战争中，毛泽东进一步发展了独立自主的原则，例如，在政治方面提出"独立自主，既统一，也独立"的方针；在经济上面对财政经济困难，提出"自己动手，丰衣足食"的号召；在军事上，提出了开展"独立自主的山地游击战"的战略原则。新中国成立后，中国共产党根据自己的实际情况，又开辟了与苏联等国不同的社会主义改造道路。我们战胜了以美国为首的帝国主义国家对我国的长期封锁，顶住了来自苏联的压力，捍卫了国家的独立和主权，依靠自己建立了独立的、比较完整的工业和国民经济体系。"在建国三十二年多的时间里大体有二十几年，我们完全或基本处于没有外援的状况，主要靠自力更生。"

其次，要依靠本国人民的力量进行革命和建设。在革命和建设的力量源泉上，中国共产党历来主张依靠中国人民自己的智慧和力量，在民主革命时期，尽管条件艰险恶劣，由于紧紧地依靠人民群众，充分地发扬自力更生精神，中国共产党领导人民走过了农村根据地的艰难时期，最终迎来了胜利。新中国诞生后，也因为依靠人民群众，中国共产党领导全国人民克服了帝国主义对中国的封锁、禁运、孤立所形成的种种困难，使社会主义建设事业能够不断取得成就。中国共产党的历史经验充分证明，独立自主、自力更生、艰苦奋斗是中国革命胜利的可靠途径。

最后，独立自主并不排斥和拒绝外援，两者可以相互结合和统一,关键是必须分清主次、轻重。毛泽东强调独立自主领导革命和建设,同时也强调要向其他国家学习,包括向西方国家学习。当然,这种学习不是照搬与照抄,而是"择其善者而从之,其不善者而改之",把学习与创造结合起来。

总之,在革命和建设中,必须坚持独立自主。正如毛主席在1949年6月总结中国革命的历史经验时所说:"中国必须独立,中国必须解放,中国的事情必须由中国人民自己作主张,自己来处理,不容许任何帝国主义国家再有一丝一毫的干涉。""中国人民将会看见,中国的命运一经操在人民自己的手里,中国就将如太阳升起在东方那样,以自己的辉煌的光焰普照大地……"

**案例分析**

"自己动手,丰衣足食"

1939年2月,抗日战争爆发后的第二年,革命根据地出现了经济困难。毛泽东在延安生产动员会上发表了生动而深刻的讲话,他说:"面对严重的困难,我们是饿死呢?解散呢?还是自己动手呢?饿死是没有一个人赞成的,解散也是没有一个人赞成的。还是自己动手吧!这就是我们的回答。"中央军委根据党中央、毛泽东提出的"自己动手、生产自给"的方针,于1942年2月向全军发出指示,要求全军各部队做到一面战斗,一面生产,一面学习。

八路军第359旅,按照党中央的号召,1941年春开赴位于延安南面的南泥湾等地区，在这杂草丛生、荒无人烟的地方实行军队屯垦。第359旅广大指战员经过3年的艰苦奋斗，在荒山上开辟了12万多亩土地，把南泥湾变成了到处是庄稼、遍地是牛羊的"陕北江南"。第359旅成为大生产运动的一面旗帜。各敌后抗日根据地也都普遍开展了大生产运动。通过大生产运动，各解放区军民基本上解决了军民的吃饭问题，达到了自己动手、丰衣足食的目的。从而战胜了严重的困难，打破了国民党顽固派的经济封锁，为坚持抗战和争取抗战最后胜利奠定了物质基础。

# 第四章　新民主主义革命理论

　　1840年鸦片战争以后，中国逐渐陷入半殖民地半封建社会的深渊。以毛泽东为代表的中国共产党正确分析了中国社会和中国革命的性质，提出了新民主主义革命的总路线和基本纲领，为夺取全国胜利打下了坚实的理论基础。

## 第一节　近代中国的社会性质和革命性质

　　毛泽东认为："认清中国社会的性质，就是说，认清中国的国情，乃是认清一切革命问题的基本的根据。"1840年至1949年的中国社会，处于前资本主义向近现代社会的转型时期，然而由于封建力量和帝国主义势力的结合阻碍了近代化的脚步，近代中国形成了旧体制解构、新社会难产的混乱和没有发展的局面：这种畸形的、停滞的过渡性社会，我们称之为半殖民地半封建社会。半殖民地半封建社会是近代中国的社会性质。

所谓半殖民地，是指国家及社会在形式上的独立和实质上的不独立或依附。意思就是，1840年英国用炮舰打开了中国的大门，之后又有多个帝国主义国家各自或联合多次发动对中国的侵略战争，从政治、经济、文化上控制中国，将独立的中国变成了受列强控制的中国。例如，中国的领土不再完整，香港被英国占领，沙俄骗取中国西北、东北150万平方公里的土地，很多国家还获得了在中国领土上驻兵的特权。近代中国也丧失了经济上的独立权，外国列强控制了中国的海关、对外贸易、市场和交通运输，垄断了中国的金融和市场。

所谓半封建，是相对于完全的封建社会而言的。它是指形式上仍是封建统治和自然经济占主导，实际上社会已逐渐近代化，资本主义经济、政治、思想文化等因素在不断发展壮大，在社会发展形态上是历史的进步。在经济上，西方资本主义的入侵，破坏了封建的自然经济，促进了中国资本主义的产生，但是也使中国民族资本主义发展步履维艰，形成近现代因素在中国已经产生，同时又无法从传统中完全突破的半封建社会。政治上，无论是清政府、代之而起的北洋政府，还是之后的国民党官僚统治，都是顽固守旧的，本质上都是封建专制和镇压人民的，是反对政治民主和进步的。

基于对近代社会性质及特点的分析，毛泽东揭示了近代中国社会的主要矛盾：帝国主义和中华民族的矛盾，封建主义和人民大众的矛盾，是近代中国的主要矛盾，而前者是最主要的矛盾。当然，中国社会的主要矛盾在不同的时期的重点和特点是不同的。例如在土地革命战争时期，主要矛盾是人民大众同国民党反动派的阶级矛盾；抗日战争时期，中国和日本的民族矛盾就成为主要矛盾。

近代中国的主要矛盾，决定了近代革命的主要任务就是反帝反封建。这同时也决定了鸦片战争以后中华民族面临的两大历史任务：一是求得民族独立和人民解放；二是实现国家繁荣富强和人民共同富裕。

以五四运动为分界线，中国的民主革命分为两个大的历史阶段：旧民主主义革命和新民主主义革命阶段。旧民主主义革命是由资产阶级领导的、反对封建专制制度和封建政权，以建立资产阶级专政的共和国和资本主义社会制度为目的的革命。1911年由中国民族资产阶级政治代表孙中山领导的、推翻清封建专制政权、建立中华民国的辛亥革命，就属于旧民主主义革命。1840年至1919年为旧民主主义革命时期。新民主主义革命之所以"新"，表现为：它发生在十月革命以后，属于世界无产阶级革命的范畴；它是由无产阶级领导的；它的指导思想是马克思列宁主义，革命的前途是建立人民民主专政的国家。

## 案例分析

### 列强发动的侵华战争简介

鸦片战争（1840年—1842年）：英国为了把中国变为其殖民地而发动的侵华战争，清政府被迫签订了《南京条约》及其附件《黄埔条约》、《望厦条约》等中国近代第一批不平等条约，使中国历史发生了巨变，中国开始进入半殖民地半封建社会。

第二次鸦片战争（1856年—1860年）：为扩大侵华利益，英法联合侵华，攻占了北京，进行野蛮的洗劫。清政府被迫再次大肆出卖国家权益，签订了《天津条约》和《北京条约》，使中国社会的半殖民地程度进一步加深。

中法战争（1883年—1885年）：法国以越南为跳板发动的对华侵略战争。由于清政府的腐败，在法国的逼迫下签订了《中法新约》，法国由此打开了中国西南的门户。

甲午中日战争（1894年—1895年）：新兴的帝国主义国家日本为实现其"侵韩征华"的狂妄计划而发动的侵华战争。清政府被迫签订了反映列强瓜分世界、资本输出的侵略要求的《马关条约》，使中国半殖民地半封建的社会性质大大加深。

八国联军侵华战争（1900年—1901年）：是近代列强参与国最多的侵华战争。列强为镇压中国人民的反抗斗争，瓜分中国，勾结在一起共同侵华。清政府甘心充当洋人的工具，签订了《辛丑条约》，中国半殖民地社会完全形成。

日本侵华战争（1931年—1945年）：是近代持续时间最长的侵华战争，是20世纪上半叶日本发动的第二次侵华战争，给中国人民带来了沉重的灾难。国共两党合作，取得了近百年来中国人民第一次反帝斗争的完全胜利。

**近代中国各阶级各阶层探索救国道路**

1840年，鸦片战争的爆发惊醒了还在醉梦中的中国人，使得有识之士看到了中西方的差距，清醒地认识到了中国社会制度的腐败、经济技术的落后，很多仁人志士怀着强烈的使命感和民族意识开始探索救国道路。

1851年1月太平天国运动爆发，这场农民阶级领导的起义借宗教形式喊出"平均地权"的口号，但是过于理想化的革命口号，最终非但没有消灭封建势力，反而使得国内经济雪上加霜、生灵涂炭、人口急剧减少，为后来的军阀混战埋下了祸根。而在这场起义中帮助清政府镇压农民军的汉人曾国藩、李鸿章等人却因此成了清末重臣、地方实权派，成为以"自强、求富"为目标、"师夷长技以制夷"的洋务运动的主干力量。虽然洋务运动兴建企业、训练新军、办新学、派留学生，对中国早期的资产阶级发展有很大的促进作用，然而其建立在腐朽的封建制度基础上，"中学为体、西学为用"造就的浓厚的封建性质以及对外国技术的过分依赖也使得其最终以失败收场。

甲午战争中，中国被邻国日本击败，大大刺激了国人，国人的自尊心大大受挫，使得中华民族的各阶层普遍产生了亡国灭种的危机感，更多的有识之士加入到了救国图存的队伍中。然而在其后的戊戌变法中，资产阶级维新派却依赖没有实权的皇帝与强大的守旧势力斗争，外加过于急躁的改革措施以及对于西方势力的过分幻想，最终这个由上层官僚以及知识分子发起的救国运动也以失败告终。事实证明，仅仅由社会上层发起，没有实权派支持、没有广大群众参与的改革是不可能取得成功的。

1911年10月10日爆发的武昌起义使得封建君主专制制度寿终正寝，中华民国成立。后来袁世凯窃取革命胜利的果实、各地军阀混战使得辛亥革命最终失败。虽然孙中山之后的国民党在蒋介石的领导下形式上统一了中国，"三民主义"也使得中国的民族经济进入了短暂的春天，但由于抗日战争的爆发，中华民族又陷入了危机之中。事实证明，一个国家的独立自主、统一和平对于国家的发展至关重要。

## 第二节　新民主主义革命的总路线

了解新民主主义革命"是什么"很重要，了解它"怎样进行"同样重要，这个问题总体上是由新民主主义革命总路线解决的。

1948年4月，毛泽东在《在晋绥干部会议上的讲话》中，完整地提出了中国共产党的新民主主义革命的总路线。这就是无产阶级领导的，人民大众的，反对帝国主义、封建主义和官僚资本主义的革命。这条总路线正确地解决了新民主主义革命的对象、动力、领导力量、性质与前途等一系列基本问题，丰富和发展了马克思列宁主义关于民主革命的学说。

## 一、革命的对象："三座大山"

明确革命的对象是革命的首要问题。毛泽东在《中国社会各阶级的分析》中指出："中国过去一切革命斗争成效甚少，其基本原因就是因为不能团结真正的朋友，以攻击真正的敌人。"新民主主义革命的对象是什么呢？那就是总路线里面指出的帝国主义、封建主义和官僚资本主义。

帝国主义是中国革命的首要对象。帝国主义列强通过战争，强迫中国签订不平等条约，从政治、经济、文化等各方面控制、操纵中国，阻碍中国社会的发展和进步。帝国主义是中国人民第一个和最凶恶的敌人，因此，反帝斗争贯穿于新民主主义革命的始终。但是由于不同时期帝国主义侵华的方式不同，反帝有不同的内容与形式。在中国，反帝就是要废除一切不平等条约，推翻帝国主义在中国的一切特权，实现中华民族的完全独立。

封建主义是中国革命的主要对象。地主阶级是封建专制统治的社会基础，也是帝国主义统治中国的主要支柱。自给自足的封建经济和以地主土地所有制为基础的封建剥削制度,是近代中国经济发展的主要障碍,也是广大农民深受剥削、压迫,生活极度贫困的经济根源。在中国反对封建主义,从根本上就是要在政治上消灭地主阶级,在经济上消灭封建剥削制度,尤其是地主土地所有制。

官僚资本主义也是中国革命的对象。中国资本主义分为官僚资本主义与民族资本主义。其中官僚资本主义是国家垄断资本主义,是革命的对象。反对官僚资本主义,并非因为它是资本主义,而是因为这种资本主义与国家政权结合,与帝国主义、封建主义有密切的联系,因而具有极强的垄断性、买办性和封建性,代表一种极为反动的、落后的生产关系,严重阻碍了社会经济的发展。因此,官僚资本主义也是民主革命的对象之一。

## 二、革命的领导阶级:无产阶级

新民主主义革命的领导权属于无产阶级,这是新旧民主革命最根本的区别。旧民主主义革命失败的历史表明:中国的农民阶级、资产阶级由于其阶级局限性不能担当革命的领导责任,中国革命客观上要求有新的领导阶级,中国无产阶级顺应时代要求登上了历史舞台,成为中国革命的领导阶级。中国无产阶级不仅具有世界各国无产阶级的共同优点:与最先进的机器大生产的经济形式相联系,是新生产力的代表,富于高度的组织纪律性,不占有任何生产资料,最大公无私等;而且具有其自身的特殊优点:深受三重压迫,革命性极强;与农民有天然的联系,便于结成工农联盟;高度集中,易于形成强大的政治力量。因而它能够担当民主革命的领导责任,这必须通过自己的政党——中国共产党才能实现。

## 三、革命的动力:人民大众

新民主主义革命总路线中所指出的人民大众就是中国革命的动力。人民大众包括工人、农民、小资产阶级、民族资产阶级。

工人阶级是革命最主要的动力。毛泽东在《中国社会各阶级的分析》一文中指出:"工业无产阶级人数虽不多,却是中国新的生产力的代表者,是近代中国最进步的阶级,做了革命运动的领导力量。"

农民是革命的主力军,农民问题是中国革命的中心问题。这里的农民指的是贫雇农和中农。它们占据了全国人口的80%,承担着社会的基本生产任务;同时又处在社会的最底层,大多没有土地或土地不足,受地主阶级的剥削和压迫,长期过着贫穷痛苦的生活,具有强烈的反抗精神和反帝反封建的革命性。

小资产阶级是革命的基本动力。小资产阶级包括广大的知识分子、小商人、手工业者和自由职业者。他们有共同的特点:都是劳动者;同样受着帝国主义、封建主义和大资产阶级的压迫;

时刻面临着失业、失学、破产的威胁，因而是革命的基本动力，也是无产阶级主要的同盟者。

民族资产阶级也是革命的动力。这是一个矛盾的具有两面性的阶级。正如毛泽东所分析的那样，"举起你的左手打倒帝国主义，举起你的右手打倒共产党"。这两句话是其真实的写照。"民族资产阶级的这种两重性，决定了他们在一定时期中和一定程度上能够参加反帝国主义和反官僚军阀政府的革命，他们可以成为革命的一种力量。"

## 四、革命的前途：社会主义

中国新民主主义革命的前途是社会主义而非资本主义，这是中国历史发展的必由之路。半殖民地半封建的中国，资本主义道路行不通，这已为中国近代历史所反复证明。这是由中国资产阶级的软弱性和妥协性所决定的。

新民主主义革命到达社会主义，必须经过新民主主义社会过渡到社会主义社会，也就是说中国革命必须分两步走。第一步：进行新民主主义革命，完成反帝反封建的民主革命任务，改变中国半殖民地半封建的社会性质，建立新民主主义国家。第二步：进行社会主义革命，完成生产资料的社会主义改造，建立社会主义制度。这两个阶段是相互联系的整体，中间不能横插一个资产阶级共和国；同时又是相互区别的，新民主主义是社会主义的必要准备，社会主义是新民主主义的必然趋势，不能相互替代。

**案例分析**

抗战时期蒋宋陈孔"四大家族"的腐败

据抗战期间香港报纸等旧报档案记载，在抗战最困难的时期，国民党政府高级官员仅在上海外国银行中的存款就相当惊人。以香港记者1939年调查的数据为例，同期国民党政府高层的存款总额为6918万美元，约相当于当时国内存款总额的9%，相当于当时国民党政府预算收入的77%，相当于国民党政府外汇储备的28%。其中，蒋介石的存款数额位居榜首。蒋介石与宋美龄夫妇的存款总数为1186万美元，约占当年国内存款总额的1.6%，国民党政府预算收入的13%，外汇储备的4.7%。蒋、宋、陈、孔四家合计存款总数为28.96万美元，约占当年国内存款总额的3.9%，政府预算收入的32%，外汇储备的12%。由此可见，当时"四大家族"一说，也绝非捕风捉影。从1927年蒋介石和国民党上台至1939年不过短短12年时间，其高级官员居然能够有数额如此巨大的私人存款，这在当时中国经济尚不发达的情况下，只能是从非薪金收入的非法渠道而来。

在当时中国经济十分落后、民众普遍收入水准和生活水平十分低下的情况下，国民党政府官员尤其是高层官员竟然如此"富裕"，无论如何也不能说它是正常的。如果这些财产来源非法，则必然与贪污腐败联系紧密。正是由于蒋介石和国民党统治集团上行下效，使贪污腐败成为一种风气，并迅速蔓延，到1945年抗战胜利的时候，国民党政权的贪污腐败风气已经病入膏肓了。

蒋介石和国民党统治集团在抗战胜利后短短四年时间内，便迅速地由盛而衰，由衰而败，最终从大陆各个大中城市一路败退，直至败逃蜗居台湾岛……其根本原因就在于国民党及国民党政府统治集团持续多年、从上到下、变本加厉、发展蔓延的整体性腐败，而蒋介石及"四大家族"等高层特权阶层的严重贪污腐败则可以说是最重要的原因之一。

## 第三节 新民主主义革命的基本纲领

新民主主义的基本纲领是实现新民主主义革命总路线的具体目标和具体要求，它包括新民主主义的政治纲领、经济纲领和文化纲领。新民主主义的基本纲领指明了新民主主义社会的前景和目标。

### 一、新民主主义的政治纲领

新民主主义的政治纲领主要包括新民主主义的国体和政体两个方面。正如毛泽东在《新民主主义论》一文中所指出："国体——各革命阶级的专政。政体——民主集中制。这就是新民主主义的政治，这就是新民主主义的共和国。"

国体是指社会各阶级在国家中的地位。社会各阶级在国家中的地位是由各阶级在中国革命和建设中的地位所决定的。新民主主义共和国的国体是无产阶级领导的,以工农联盟为基础的,包括小资产阶级、民族资产阶级和其他反帝反封建人士在内的几个革命阶级的联合专政。

政体是指政权构成形式,即统治阶级采取何种形式组成自己的政权机关来维护自己的统治。政体由国体决定。与新民主主义国体相适应的政体是民主集中制的人民代表大会制。新民主主义的政权组织既是民主的,又是集中的,是民主基础上的集中和集中指导下的民主相结合。

毛泽东强调,这种新民主主义的共和国,既不同于欧美式的资产阶级专政的共和国,也不同于苏联式的无产阶级专政的社会主义国家。它是真正适合中国国情和体现中国大多数人民意志的政治制度。

## 二、新民主主义的经济纲领

1947年,毛泽东在《目前形势和我们的任务》的重要报告中,明确提出了新民主主义的三大经济纲领,即"没收封建地主阶级的土地归农民所有,没收蒋介石、宋子文、孔祥熙、陈立夫为首的垄断资本归新民主主义国家所有,保护民族工商业"。

没收地主阶级的土地归农民所有。近代中国存在着极不合理的土地制度，占农村人口10%的地主占有大量的土地，而占农村人口80%以上的雇农、贫农、中农及其他人民，却只占有少量的土地，他们终年劳动，不得温饱。这种土地制度是近代中国贫困落后的根源。实行耕者有其田的土地制度，按人口平均分配土地，是废除封建剥削土地制度的最彻底的办法。一条正确的土地革命路线，是党成功解决农民的土地问题的基本前提。

没收官僚资本归新民主主义国家所有。以蒋、宋、孔、陈"四大家族"为首的官僚资本是反动的，由于它与国家政权、外国资本主义和本国封建势力紧密结合，是国民党反动政权的基础，操纵着国家经济命脉，压迫工人、农民、小资产阶级以及民族资产阶级，阻碍社会经济的发展和进步。因此，没收官僚资本是新民主主义革命的一项重要内容。没收官僚资本具有双重革命的性质，一方面，反官僚资本就是反买办、反封建，具有民主革命的性质；另一方面，由于是剥夺大资产阶级，又带有社会主义革命的性质。通过没收官僚资本建立起的新民主主义国营经济，为确立新民主主义经济，向社会主义过渡奠定了基础。

保护民族工商业，是新民主主义经济纲领中极具特色的一项内容。中国共产党将中国的资本主义分为官僚资本主义和民族资本主义。对于前者，由于它代表的是当时中国的反动生产关系，而采取的是无偿剥夺的政策；对于有利于国计民生的民族资本主义则采取保护政策。当然，民族资本主义是一种以生产资料个人所有为基础，以追求利润为目的的私营经济，它本身就具有两面性，就是说既有有利于国计民生的积极一面；又有剥削工人、唯利是图的消极一面。因此，中国共产党对它采取的政策是利用和限制。

## 三、新民主主义的文化纲领

新民主主义文化，是新民主主义政治、经济在思想文化上的反映，并为新民主主义政治和经济服务的。无产阶级领导的人民大众的反帝反封建的文化，即民族的、科学的、大众的文化，是新民主主义的文化纲领。

民族的文化。"这种新民主主义的文化是民族的。它是反对帝国主义压迫，主张中华民族的尊严和独立的。它是我们这个民族的，带有我们民族的特性。"要有"中国作风和中国气派"。"中国应该大量吸收外国的进步文化，作为自己文化食粮的原料，这种工作过去还做得很不够……但是一切外国的东西，如同我们对于食物一样，必须经过自己的口腔咀嚼和胃肠运动，送进唾液、胃液、肠液，把它分解为精华和糟粕两部分，然后排泄其糟粕，吸收其精华，才能对我们的身体有益，绝不能生吞活剥地毫无批判地吸收。"

科学的文化。"它是反对一切封建思想和迷信思想，主张实事求是，主张客观真理，主张理论和实践一致的。"对于中国古代文化，要批判地吸收，要剔除其封建性的糟粕，吸收其民主性的精华。同时，要尊重中国历史的辩证发展，而不是颂古非今。对于人民群众和青年学生，主要不是要引导他们向后看，而是要引导他们向前看。

大众的文化。它应为全民族中百分之九十以上的工农劳苦民众服务，并逐渐成为他们的文化。革命的文化运动和实践运动都是以广大的人民群众为主体的，因此，文化工作者要接近民众，语言必须接近民众，形式必须为群众所喜闻乐见。

**案例分析**

中国共产党的土地革命路线

在当前涉及党的革命史的电视连续剧或电影中，总会出现这样的场景：在党的领导下，人民群众打土豪、分田地，积极拥护共产党。这就是对党的土地革命政策的反映。以下简要介绍党在各个时期的土地革命路线，加深一下对党的深刻认识。

国共政权对峙时期，为武装反抗国民党统治，就必须发动农民进行革命；而发动农民进行革命，就必须解决农民的土地问题，满足农民的土地要求。为此，中共于1931年制定了"依靠贫雇农，联合中农，限制富农，保护中小工商业者，消灭地主阶级，变封建半封建的土地所有制为农民的土地所有制"的土地革命路线，使农民在政治上、经济上翻了身。为保卫胜利果实，农民积极参军参战，支援革命战争，巩固了红色政权。

抗日战争时期,"实行地主减租减息,农民交租交息的土地政策",减轻了地主的封建剥削,改善了农民的生活,提高了农民生产和抗日的积极性,也有利于团结地主阶级共同抗日,巩固抗日民主政权。

解放战争时期,1947年中共召开土地会议,制定《中国土地法大纲》,规定没收地主土地,废除封建剥削的土地制度,实行耕者有其田的土地制度,按农村人口平均分配土地。在土地改革中,依靠贫雇农,团结中农,有步骤、有分别地消灭封建剥削制度,发展农业生产的土地改革总路线,废除了农村封建剥削制度,使解放区农民得到了土地。为保卫胜利果实,农民踊跃参军参战,支援前线,成了解放战争迅速取得胜利的一个可靠保证。

新中国成立后,1950年土地改革,颁布《中华人民共和国土地改革法》。"废除封建剥削的土地所有制,实行农民阶级的土地所有制;保护富农的政策"。持续两千多年的封建剥削的土地制度被彻底废除,农民翻了身,为新中国农业的发展和工业化开辟了道路。

# 第五章　新民主主义革命的"三大法宝"

1939年9月，在《<共产党人>发刊词》中，毛泽东从正反两个方面系统地总结了中国共产党在第一次革命时期、土地革命时期以及抗日战争初期，如何进行新民主主义革命的丰富经验，提出"统一战线、武装斗争、党的建设，是中国革命中战胜敌人的三个法宝，三个主要的法宝"。

## 第一节　统一战线

统一战线，即无产阶级为了战胜自己的敌人，与中国社会的其他进步阶级、进步政党、进步团体、进步阶层以及各种可能争取到的社会政治力量，在一定条件下结成的一种政治联盟。这关系到中国能否形成浩浩荡荡的革命大军，关系到中国革命能否成功。毛泽东对此进行了深入的研究和精湛的论析，形成了统一战线的理论和政策,在毛泽东的思想理论体系中占有重要的地位。

## 一、建立革命统一战线的必要性和可能性

统一战线是无产阶级政党的一项基本策略原则。团结一切可以团结的力量,争取一切可能争取的同盟者,以便集中力量反对最主要的敌人,是马克思主义革命策略的一项重要原则。毛泽东创造性地运用和发展了马克思列宁主义统一战线的策略思想,科学地解决了半殖民地半封建中国革命统一战线的基本问题。

建立革命统一战线是由中国的国情和中国革命的敌人的具体状况决定的。第一,中国是一个两头小、中间大的社会。一头是工业无产阶级,它在整个中国社会人口中所占比例很小,数量也不多;另一头是地主大资产阶级,它所占的人口比例也很小,数量也不多。第二,中国的敌人异常强大。毛泽东指出:"中国革命的敌人不但有强大的帝国主义、强大的封建势力,而且在一定时期内还有勾结帝国主义和封建势力以及与人民为敌的资产阶级反动派。"

半殖民地半封建的中国,汇集了近代社会中的各种矛盾。在诸多矛盾中,帝国主义和中华民族的矛盾,乃是各种矛盾中最主要的矛盾。农民占全国人口的绝大多数,又是民族压迫和封建压迫的主要承担者。民族资产阶级是带有两重性的阶级。中国的大资产阶级历来是革命的对象,但由于它的各集团以不同的帝国主

义国家为靠山,在各个帝国主义国家之间的矛盾尖锐化的时候,在革命主要是反对某一个帝国主义国家的时候,从属于其他帝国主义国家的大资产阶级便有可能在一定程度上、在一定时期内参加反对某一个帝国主义国家的斗争。综合上面各种因素,建立最广泛的统一战线是可能的。

## 二、坚持无产阶级的领导权

领导权问题是统一战线的根本问题。"中国新民主主义的革命要胜利,没有一个包括全民族绝大多数人口的最广泛的统一战线,是不可能的。不但如此,这个统一战线还必须是在中国共产党的坚强的领导之下。没有中国共产党的坚强的领导,任何革命统一战线也是不能胜利的。""中国反帝反封建的资产阶级民主革命的任务,历史已判定不能经过资产阶级的领导,而必须经过无产阶级的领导,才能够完成。并且只有充分发扬无产阶级在民主革命中的坚持性和彻底性,才能克服资产阶级的那种先天的动摇性和不彻底性,而使革命不至于流产。"

毛泽东曾指出,对统一战线的领导应包括政治领导、思想领导和组织领导。中国共产党对统一战线的领导主要是对全国人民和各个革命阶级的政治领导。中国共产党制定正确的路线方针政策以实现政治领导;要对联盟者进行政治教育以实现思想领导;要率领同盟者与敌人作坚决的斗争以实现组织领导。

## 三、革命统一战线的基本原则和主要经验

新民主主义革命时期的统一战线，包括两个性质不同的联盟：一是劳动者之间的联盟，就是无产阶级和农民、城市小资产阶级和其他劳动人民的联盟；二是劳动者与非劳动者之间的联盟，就是无产阶级和民族资产阶级的联盟，也包含特定历史条件下，无产阶级和一部分地主阶级、带买办性的大资产阶级的联盟。其中，工农联盟是统一战线的基础。

无产阶级在统一战线中的独立自主的原则。所谓独立自主，就是在统一战线中，无产阶级及其政党必须保持思想上、政治上和组织上的独立性。它包含两方面：一方面，讲统一性。因为既然结成了统一战线，形成了联盟关系，就一定有共同的奋斗目标，共同的原则和条件。另一方面，讲独立性。如果只讲统一性，不讲独立性，就谈不上统一战线。因此，无产阶级和共产党在同资产阶级及其政党建立统一战线的时候，绝不能放弃自己的旗帜，要保持自己在政治上、思想上、组织上和军事上的独立性，坚持统一战线中的独立自主原则。

对资产阶级又联合又斗争的策略是中国共产党正确处理统一战线内部关系的根本策略原则。又联合又斗争的策略既不是一切联合否认斗争，也不是一切斗争否认联合，而是综合联合和斗争两个方面的策略。只有联合无斗争或只有斗争无联合都是错误

的。斗争是团结的手段，团结是斗争的目的。以斗争求团结则团结存，以退让求团结则团结亡。必须把联合和斗争结合起来，既反对"一切联合否认斗争"的右倾错误，又反对"一切斗争否认联合"的"左"倾错误，只有这样才能使革命不断前进，才能取得革命的最后胜利。

**案例分析**

"三大法宝"的由来

1939年7月9日，毛泽东等中央领导人在桥儿沟为即将开赴抗战前线的师生们送行。师生们赠给毛泽东一面锦旗，并请毛泽东讲话。毛泽东发表即席讲话，他谈笑风生，一边讲，一边走动，一边做手势。他用古典小说《封神榜》里的一个故事作比喻说："当年姜子牙下昆仑山，元始天尊送他杏黄旗、方天印、打神鞭三样法宝，姜子牙用这三样法宝打败了所有的敌人。今天，你们也要下山了，要去前线跟日本侵略者作战，我也赠你们三个法宝，这就是统一战线、游击战争和革命团结。"毛泽东把统一战线比作姜子牙的"打神鞭"，指出这是孙中山革命40年在临终时悟出的道理，是我们的法宝，掌握好这个法宝，就可把日寇赶出中国。他把游击战争比作姜子牙的"方天印"，认为游击战配合正规战就可以把日本帝国主义打倒，独立、自由、幸福的新中国就可以出现；把革命团结比作姜子牙的"杏黄旗"，指出我们的革命队伍里，要有这面旗。

### 两次国共合作：第一次国共合作

1923年6月，中国共产党第三次全国代表大会作出决定，采取共产党员以个人身份加入国民党的形式实现国共合作，共同进行国民革命。1924年1月，改组后的国民党第一次全国代表大会在广州举行，由孙中山主持。事实上确立了国民党"联俄、联共、扶助农工"的三大革命政策，形成了以党内合作为主要形式的第一次国共合作。从1924年1月起至1927年7月止，历时三年半。

第一次国共合作的实现，促进了反帝反封建的工农革命运动的迅速发展。在国共合作的基础上，1926年5月至1927年4月，以广东为根据地的国民革命军进行了北伐战争，沉重打击了帝国主义和封建军阀的反动统治，形成了以工农群众为主体的大革命高潮。

### 两次国共合作：第二次国共合作

1936年5月5日，中国共产党向国民党政府发出《停战议和一致抗日》的通电，将"抗日反蒋"政策转变为"逼蒋抗日"政策。8月25日，中共中央公开发表《中国共产党致中国国民党书》，信中再次呼吁停止内战，建立抗日民族统一战线。1936年12月12日，西安事变爆发，中国共产党迅速确定了和平解决的方针，提出"五项要求"、"四项保证"。

1937年8月13日，日军大举进攻上海(八一三事变)，扬言3个月灭亡中国。8月14日国民政府发表《自卫抗战声明书》。8月中旬，蒋介石同意将在陕北的中央红军改编为国民革命军第八路军（简称八路军）。同年9月22日，国民党中央通讯社发表了《中国共产党为公布国共合作宣言》。23日，蒋介石发表谈话，实际上承认了共产党的合法地位。至此，抗日民族统一战线正式形成，第二次国共合作开始。第二次国共合作，促成了全国人民空前的大团结，促进了抗日民族统一战线的形成，为抗日战争的胜利，创造了有利的条件。1947年3月7日，国共第二次合作因国民党方面的原因破裂。

基于当前国共合作的共同政治基础，以当下形势来看，发展国共两党关系可以遏制岛内"台独"势力，发展两岸关系，维护台海地区和亚太地区的和平稳定，为两岸同胞谋福祉，维护中华民族的共同利益，促进统一。

皖南事变

1941年1月4日晚，新四军军部及所属皖南部队共9000余人，在叶挺军长、项英副军长率领下，从泾县云岭地区出发北移，7日拂晓即遭国民党主力部队的拦击和进攻，新四军皖南部队陷入重围。经浴血苦战，多次打退国民党军队的进攻后，新四军部队分散突围，军部在突围时又陷入重重包围。至14日，皖南部队终因寡不敌众，弹尽粮绝，阵地全部失守。除前后约2000人分散突出重围外，其余6000余人被打散，大多壮烈牺牲或被俘。叶挺在下山与国民党顽军谈判时被扣留。政治部主任袁国平牺牲。副军长项英、副参谋长周子昆突围后遭叛徒杀害。17日,国民政府军事委员会发布命令,反诬新四军为"叛军",宣布取消其番号。皖南事变,是国民党顽固派发动的第二次反共浪潮的最高峰。

事变发生后,中共中央在政治上展开猛烈反击,1月20日,中共中央革命军事委员会发布命令,重建新四军军部。1月25日,新四军新军部在苏北盐城成立,全军整编为7个师和1个独立旅,共9万余人。皖南事变发生后的1941年1月17日,周恩来在重庆《新华日报》上发表亲笔题词:"千古奇冤,江南一叶;同室操戈,相煎何急!"表达了中国共产党人和一切热爱正义的人们对国民党顽固派发动又一次反共内战的愤怒和谴责,这也是皖南事变被称为"千古奇冤"的由来。

## 第二节 武装斗争

### 一、武装斗争是中国革命的主要形式

中国革命的一个重要特点和优点,是以武装的革命反对武装的反革命,武装夺取政权,以战争解决问题。毛泽东指出:"在中国,主要的斗争形式是战争,而主要的组织形式是军队。其他一切,例如民众的组织和民众的斗争等,都是非常重要的,都是一定不可少,一定不可忽视,但都是为着战争的。"

毛泽东提出了"枪杆子里面出政权"的著名论断。毛泽东旗帜鲜明地指出:"由于封建的分割,地主或资产阶级的集团或政党,谁有枪谁就有势,谁枪多谁就势大。""帝国主义时代的阶级斗争的经验告诉我们:工人阶级和劳动群众,只有用枪杆子的力量才能战胜武装的资产阶级和地主;在这个意义上,我们可以说,整个世界只有用枪杆子才可能改造。我们是战争消灭论者,我们是不要战争的;但是只能经过战争去消灭战争,不要枪杆子必须拿起枪杆子。"当然,以长期的武装斗争为主要形式,并不是说可以放弃其他斗争形式。中国革命的敌人异常强大,没有其他斗争形式的配合和支持,武装斗争是不可能取得胜利的。

武装斗争需要明确战争指导规律,毛泽东在长期的斗争中创造了一套机动灵活的战略战术。在对敌斗争态度上,坚持战略上藐视敌人,战术上重视敌人;在战争方针上,坚持积极防御,反对消极防御;在作战指导思想上,强调不打无准备之仗,不打无把握之仗;在作战形式上,采取运动战、游击战和阵地战三种形式相互配合的作战形式;在战斗方针上,以歼灭敌人的有生力量为主要目标;在作战方法上,集中优势兵力,各个歼灭敌人;在基本要求上,强调主动性、灵活性和计划性等。

## 二、建立一支新型的人民军队

武装斗争离不开军队。在长期的革命斗争中,毛泽东系统地解决了如何将以农民为主要成分的革命军队,打造成一支无产阶级性质的、具有严格纪律、同人民群众保持密切联系的新型人民军队的问题。

党对军队的绝对领导。1927年,秋收起义失败以后,在途经江西省永新县三湾村的时候,毛泽东领导了著名的"三湾改编",设立党代表制度,确立了"党指挥枪的原则"。这样改变了旧式军队的习气和自由散漫的作风,部队面貌一新,凝聚力、战斗力得到了空前提高。

全心全意为人民服务是建军的宗旨。此外,毛泽东还提出了"民兵是胜利之本",指出"战争的伟力之最深厚的根基,存在于民众之中","人民群众是真正的铜墙铁壁"。也就是说,要广泛动员人民直接或间接参与战争,充分依靠广大民众,造就陷敌于灭顶之灾的汪洋大海,这可以弥补武器等缺陷,是战胜一切战争困难的前提。

## 三、农村包围城市、武装夺取政权的革命道路

概括地说,农村包围城市、武装夺取政权的革命发展道路的理论,就是以乡村为中心,在乡村中建立和发展红色政权,实行"工农武装割据",在长期的斗争中积聚和发展革命力量,待条件成熟时夺取全国政权。

中国革命究竟走什么道路,中国共产党经历了艰难的探索过

程。由于受巴黎公社和十月革命中心城市起义模式的影响，一开始把党的工作重心放在城市，对农村和农民运动认识不足。大革命失败后，南昌、秋收、广州三次大城市武装起义相继失败，中国革命到了寻找出路的关键时刻。这时，毛泽东率领工农革命军抵达罗霄山脉中段的井冈山，创建了第一个农村革命根据地——井冈山革命根据地，后来，朱毛井冈山会师，根据地进一步壮大。这标志着中国革命开始走上了"农村包围城市"的革命道路。

由于严酷的斗争环境和严峻的革命低潮，以林彪为代表的一些人看不到革命前途，提出了"红旗到底能打多久"的疑问。毛泽东为此相继发表了《中国的红色政权为什么能够存在？》、《井冈山的斗争》两篇文献，深刻分析了红色政权能够发生和存在的原因和条件，指出中国是一个政治经济发展极不平衡的半殖民地半封建大国是根本原因；国民革命政治影响的存在，是红色政权得以生存和发展的客观条件；全国革命形势继续向前发展，是红色政权存在和发展的又一客观条件；有相当力量的正式红军的存在，是红色政权能够存在和发展的必要的主观条件；共产党组织的坚强有力和各项政策的正确执行，是中国红色政权能够存在和发展的前提和根本保证。提出了"工农武装割据"的思想，即在中国共产党的领导下以武装斗争为主要形式，以土地革命为中心内容，以革命根据地为战略阵地，三者密切结合的红色政权建设的总概念。其中，武装斗争是"工农武装割据"的主要斗争形式；土地革命是"工农武装割据"的中心内容；农村革命根据地是"工农武装割据"的战略阵地。以上三者，相辅相成、密切联系、缺一不可。

以毛泽东为代表的中国共产党人在探索中国革命道路过程中形成的农村包围城市的道路理论，无论在中国革命史上，还是在马列主义、毛泽东思想发展史上都具有十分重要的意义。农村包围城市革命道路的开辟，实现了中国革命由城市向农村的历史性转变，揭示了中国革命发展的客观规律，是中国革命走向胜利的唯一正确道路。农村包围城市革命道路的理论，是马列主义普遍原理与中国革命具体实践相结合的光辉典范，是毛泽东思想形成的重要标志。

**案例分析**

去当红色"山大王"

1927年9月9日，湘赣边秋收起义爆发了，起义部队分三路进攻长沙。但是由于敌强我弱，加之起义军缺乏作战经验，兵力分散，对敌情估计不足，有些指挥员指挥失当等复杂原因，几仗打下来，部队相继失利，受到了很大损失，队伍"竟至溃不成军"。

在这紧急关头，9月14日毛泽东同志在上坪召集一师三个团的负责人开了紧急会议。会上，毛泽东同志分析形势，认为敌大我小，敌强我弱，敌人的主要力量在城市，目前我们攻占中心城市已不可能，要改变攻打长沙的计划，转移到敌人统治力最薄弱的农村中。那么，到什么地方比较合适呢？毛泽东同志拿着一份从学校借来的地图，指着湘赣边界山形最宽的部分，用生动形象的譬喻说："这里像眉毛一样的地方，是罗霄山脉中段，最适合作我们的落脚点，我们要到那里去当'山大王'。"罗霄山脉地处湖北、湖南、江西、广东四省的交界，中段地势险要，峭壁林立，林丰树茂，进可以攻，退可以守，由于离大城市较远，是敌人统治力量比较薄弱的地方，而革命一举一动又可以影响到湘赣两省的南部，有很大的政治意义；这里有自给自足的自然经济、有较好的群众基础，特别是井冈山地区，是积草屯粮、养兵集众、积蓄革命力量的好地方。

听了毛泽东同志对形势的分析，在经过激烈争论后，大多数同志同意毛泽东同志的主张，也有一些同志不同意毛泽东同志的意见，师长余洒度就竭力反对。他说，攻打长沙是省委决定了的，我们现在全军会师了，应该立即反攻浏阳，直取长沙。不反攻浏阳直取长沙，革命了半天，却退到农村，革到山上做山大王了，这叫什么革命呢？毛泽东同志耐心地说，我们这个山大王，是红色的"山大王"，而不是过去的"山大王"，是代表人民利益的工农武装，是共产党领导的，有主义、有政策、有办法的山大王。中国政治不统一，经济发展不平衡，矛盾很多，我们要找敌人统治薄弱的地方。

经过耐心劝说,前委大多数同志都同意了毛泽东同志的正确主张。对看不到革命形势的变化,看不到向农村转移的重要意义,在敌强我弱的形势下,幻想在城市一举取得成功,坚持"取浏阳直攻长沙"的军事冒险主义的错误主张,毛泽东同志据理力争。在卢德铭同志投了赞成票之后,大多数同志仰慕卢总指挥的才干和为人,纷纷举手赞同。他的支持,对向罗霄山脉进军起到了重要的作用。

会后,工农革命军在毛泽东的率领下,高举红旗,离开文家市,转向罗霄山脉中段,去当红色的"山大王",开始了向井冈山的伟大进军。从这以后,中国革命虽然又经过了千难万险才取得胜利,但正是这次战略转移奠定了使革命踏上坦途的基础。

### 毛泽东最经典的军事战例:四渡赤水

毛泽东是伟大的军事战略家,一生指挥过战争无数,堪称军事奇才。1960年,当来访的二战名将蒙哥马利在毛泽东面前盛赞他指挥的解放战争中的三大战役时,毛泽东却说:四渡赤水才是我的得意之笔。

发源于云贵交界山区的赤水河,蜿蜒穿行于川、黔、滇三省边界的崇山峻岭之间,北流汇入长江。明代诗人吴国伦曾这样描写赤水河:"万里赤虺河,山深毒雾多。遥疑驱象马,直欲捣岷峨。筏趁飞流下,横穿怒石过。劝郎今莫渡,不止为风波。"1935年1月29日至3月22日，中央红军4次往来跨过这条河，进行大小战斗30多次，这就是四渡赤水战役。这次战役中，毛泽东灵活地指挥3万余人，与10倍于己的敌人展开周旋，东西驰骋千里，南北往返数次，屡用奇兵，歼敌1.8万人。从此以后，中央红军一反长征开始以来的被动挨打状态，夺取了战略转移的主动权。

1935年1月遵义会议后，中央红军3万余人，在以毛泽东为代表的中共中央、中革军委的指挥下，准备北渡长江，在川西北地区建立根据地。1月29日，红军分三路西渡（一渡）赤水河，进至云南扎西地区。蒋介石调集重兵进行围堵。2月11日，中央红军从扎西挥师东进，于18日至21日在太平渡、二郎滩渡过赤水河（二渡），回师黔北，随后在遵义城南寻机歼灭国民党军援兵2个师和8个团，俘敌3000余人。遵义战役后，蒋介石改以堡垒主义和重点进攻相结合的战法，企图南北夹击，围歼中央红军于遵义、鸭溪地区。3月16日，红军在茅台及其附近西渡赤水河（三渡），再次进入川南。在国民党军重兵再次向川南集中的情况下，毛泽东等决定，乘敌不备折兵向东，在赤水河东岸寻机歼敌。4月2日，中央红军以一部兵力佯攻息烽，前锋逼近兵力薄弱的贵阳。正在贵阳督战的蒋介石十分惊恐，急令各纵队火速增援贵阳。中央红军巧妙地跳出了国民党军的合围圈，将蒋介石的几十万军队甩在乌江以北。四渡赤水之后，中央红军主力乘滇军东调增援贵阳之机,迅速进军云南,并于5月9日渡过金沙江。四渡赤水之战中,毛泽东等指挥中央红军巧妙地穿插于国民党军重兵集团之间,灵活地变换作战方向,调动和迷惑敌人,创造战机,在运动中歼灭大量国民党军,牢牢地掌握战场的主动权。这是中国工农红军战争史上以少胜多、变被动为主动的光辉战例。

## 第三节　党的建设

中国共产党是中国革命的领导核心,党的自身建设关系到中国革命的前途和命运。中国共产党"是掌握统一战线和武装斗争这两个武器以实行对敌冲锋陷阵的英勇战士"。在中国建设一个马克思主义政党是一项伟大的工程。

### 一、建设一个什么样的党

指导伟大的革命要有伟大的党。中国无产阶级及其政党的阶级性和先进性,决定了他们是实现中国伟大革命的领导力量。长期的革命实践证明,中国共产党的领导是历史和人民的选择。没有中共的努力,没有党作为中国人民的中流砥柱,中国的独立和解放就是不可能的。

新民主主义革命时期,党的建设面临严重的问题。首先,小资产阶级思想对党的影响比较严重。近代中国是一个半殖民地半封建社会的国家,小资产阶级人数极多,中国共产党处在小资产阶级的包围之中。其次,党的理论准备不足。"按照中国革命运动的丰富内容来说,理论战线就非常不相称,二者比较起来,理论方面就显得非常之落后"。最后,封建主义思想对党的影响比较严重。由于中国是一个封建历史很长的国家,封建制度相当完备,封建主义思想影响对党的侵袭也比较严重。因此,党的建设所处的客观环境是异常复杂的,遇到的问题也是严峻的,面临的建党任务更是异常艰难的。但是,这并不能降低党的建设的标准。

## 二、怎样建设一个革命的党

思想上建党,始终把思想建设放在首位。就是用马克思主义教育党员,以无产阶级思想改造和克服各种非无产阶级思想,保持党的无产阶级先锋队性质。这就需要加强马克思主义的思想政治教育,加强政治路线的教育,加强党的知识的教育;积极地开展思想斗争,提高党员的党性修养。毛泽东为此创造了在党内进行马列主义思想教育的好形式——整风。例如延安整风运动。通过整风运动,全党的马列主义理论水平有了极大的提高,全党达到了空前的团结和统一,基本完成了思想上建党的任务。

政治上建党,密切联系党的政治路线进行党的建设。就是运用马克思列宁主义原理,结合本国实际制定出党在一定历史时期的正确路线、方针和政策,并教育党员坚决贯彻执行党的路线、方针、政策,在政治上和党中央保持高度一致。正确的政治路线确定之后,党的建设的根本任务,就是要对全党进行政治路线的教育,用党的政治路线统一全党的思想和行动。

组织上建党,坚持和健全党的民主集中制。就是要坚持民主集中制的原则和严格的组织纪律,把党建设成为坚强的无产阶级政党。民主,就是指党员在党内当家作主的权利。集中,是党员民主权利的升华,是民主基础上的集中。党的民主集中制要求在高度民主的基础上实现党的意志统一和行动统一。每个党员和党的各级组织都必须受党章和党的纪律的约束,必须无条件地执行党的决议。党的集中制是建立在民主的基础上的,不是离开民主的个人专制主义。

作风上建党,切实加强党的作风建设。就是保持和发扬党的三大优良作风。理论和实践相结合的作风,就是一切从实践出发,理论联系实际,实事求是,在实践中检验真理和发展真理的作风。这是共产党人在认识和改造客观世界的问题上,在对待马克思主义理论问题上应具有的基本作风,是党的辩证唯物主义的思想路线。这一作风实质上还是对待马克思主义的态度问题。

同人民群众紧密地联系在一起的作风,要求共产党人必须以正确的态度对待群众,用正确的方法领导群众,全心全意为人民服务,一刻也不脱离群众,一切从人民的利益出发,而不是从个人或小集团的利益出发，懂得向人民负责和向党的领导机关负责的一致性。实行从群众中来，到群众中去的的工作方法。时刻关心群众生活，尊重群众的首创精神。

批评与自我批评的作风，就是克服党自身的缺点，修正错误，抵制各种非无产阶级思想的侵蚀，抛弃各种不良作风。为了形成这一作风，应该按照"知无不言，言无不尽"、"言者无罪，闻者足戒"、"有则改之，无则加勉"这些格言来进行。

正确处理党内矛盾，加强党的团结。党的团结是无产阶级政党的一个基本原则，是革命胜利的根本保证。中国共产党内的团结，是团结全国人民争取革命胜利的最基本条件。党的团结就是党的生命。

**案例分析**

千秋"窑洞对"

1945年，为了将全民族抗战坚持到底，中共中央提出建立民主联合政府的主张，决定同国民党当局重开谈判。黄炎培等为了实现国共合作，以夺取抗日战争的最后胜利，应中共中央、毛泽东主席之邀，于1945年7月1日飞赴延安访问。

7月4日下午，毛泽东特地邀请黄炎培到他家做客，促膝长谈了一个下午。毛主席问黄炎培来延安考察了几天有什么感想。黄炎培说："我生六十多年，耳闻的不说，所亲眼看到的，真所谓'其兴也勃焉'、'其亡也忽焉'。一人、一家、一团体、一地方乃至一国，不少单位都没有能跳出这个周期率的支配力。大凡初时聚精会神、没有一事不用心，没有一人不卖力，也许那时艰难困苦，只有从万死中觅取一生。既而环境渐渐好转了，精神也渐渐放下了。有的因为历时长久，自然地惰性发作，由少数演为多数，到风气养成，虽有大力，无法扭转，并且无法补救。也有因为区域一步步扩大了，它的扩大，有的出于自然发展；有的为功业欲所驱使，强求发展，到干部人才渐渐竭蹶，艰于应付的时候，环境倒越加复杂起来了，控制力不免薄弱了。一部历史，'政怠宦成'的也有，'人亡政息'的也有，'求荣取辱'的也有。总之，没有能跳出这个周期率。中共诸君从过去到现在，我略略了解的了，就是希望找出一条新路，来跳出这个周期率的支配。"毛主席答："我们已经找到了新路，我们能跳出这周期率。这条新路，就是民主。只有让人民来监督政府，政府才不敢松懈。只有人人起来负责，才不会人亡政息。"

这一席对话，人们称之为"千秋'窑洞对'"。

"勃焉"、"忽焉"的典故，出自于《左传》："禹汤罪己，其兴也勃焉；桀纣罪人，其亡也忽焉。"用现代汉语来说，就是说禹和汤能接受批评，严于律己，所以能勃然兴起；而桀和纣不能自律，不接受批评，只会责罪别人，所以很快就灭亡了。

毛泽东理解黄所说的历史周期率，他说的找到了跳出这个周期率的新路，也是颠扑不破的真理。他指出的这条新路，一要严于律己，反腐倡廉，廉政清明；二要发扬民主，实行广泛的民主监督；三要宽和待人，乃能百川归海，安定团结。这就能跳出历史的周期率。

重温60多年前毛泽东在延安窑洞中与黄炎培历史性的对话，从古今中外的历史长卷中，深刻吸取教训，坚持立党为公、民主治天下的思想，真心实意地采取切实有效的措施，让人民群众来监督党和政府，把跳出历史周期率的"能"，变成永恒的现实，这一历史重任，仍然摆在今人面前。我国历史上出现过一些有远见的政治家，从时局发展预言历史的进程，提出立国战略，如诸葛亮的"隆中对"。而尚在掌握一国政权之前若干年，便考虑到立国后怎样跳出"其兴也勃焉，其亡也忽焉"的周期率，使国家长治久安的政治家实属罕见。黄炎培在尚未参政之前便预为议政及此，毛泽东在尚未取得革命全国胜利前便熟虑及巩固政权的良好方略，何等难能可贵！"窑洞对"在60多年后的今天，仍闪耀着它的光辉，照耀着我国社会主义民主的建设进程。

# 第六章 社会主义改造理论

## 第一节 中国社会由新民主主义向社会主义的转变

1949年10月1日，中华人民共和国成立，延续了109年的半殖民地半封建社会从此一去不复返，标志着新民主主义革命已经取得基本胜利，进入了由新民主主义向社会主义过渡的新的历史阶段。新中国成立后，通过完成没收官僚资本、土地革命等民主革命遗留下来的任务，建立了新民主主义社会。新民主主义社会是近代中国由半殖民地半封建社会走向社会主义社会的中介和桥梁。

为什么新民主主义革命胜利后，不独立地发展资本主义社会，也不是直接过渡到社会主义社会，而必须先建立新民主主义社会，然后逐步过渡到社会主义社会呢？这是由当时各种国内外客观因素决定的。第一，经济、政治上十分软弱的中国资产阶级缺乏远见和足够的勇气，并且有不少人害怕民众，因此，他们既没有能力领导民主革命取得胜利，也没有能力在中国建立独立的资本主义社会。第二，中国的工人阶级和广大劳动人民不希望中国走资本主义道路，绝不能容许资产阶级独占革命的胜利果实，不希望自己刚从帝国主义和封建主义的压迫和剥削中解放出来，又重新遭受资本主义的压迫和剥削。第三，国际环境不允许在中国独立地发展资本主义。第四，中国当时还不具备直接过渡到社会主义社会的物质条件。

新民主主义社会的主要特征：经济方面，形成了新型的新民主主义社会的经济结构，即国营经济及其领导下的合作社经济、个体经济、私人资本主义经济和国家资本主义经济五种经济成分并存的新民主主义经济制度；政治方面，新民主主义国家实行的是工人阶级领导的，以工农联盟为基础的，各革命阶级联合专政的人民民主专政；主要矛盾方面，在新中国成立之初是人民大众同帝国主义、封建主义和国民党残余势力的矛盾，到了1952年，随着镇压反革命的胜利，特别是土地改革的完成，无产阶级和资产阶级的矛盾逐渐上升为主要矛盾。

## 第二节 向社会主义过渡的总路线："一化三改"

随着国内外形势的发展和变化，特别是在苏联等社会主义国家取得的令世人瞩目的建设成就的鼓舞和影响下，毛泽东和中国共产党提出了过渡时期的总路线，加快了由新民主主义向社会主义的转变。

1953年12月，经毛泽东修改审定的中共中央宣传部关于过渡时期总路线的学习宣传提纲，形成了对过渡时期总路线的完整准确的表述："从中华人民共和国成立，到社会主义改造基本完成，这是一个过渡时期。党在这个过渡时期的总路线和总任务，是要在一个相当长的时期内，逐步实现国家的社会主义工业化，并逐步实现国家对农业、对手工业和对资本主义工商业的社会主义改造。"

党在过渡时期的总路线是一条以"一化三改"为核心内容的、社会主义建设与社会主义改造同时并举的路线。它包括两方面的内容：一是逐步实现社会主义工业化，这是总路线的主体；二是逐步实现对农业、手工业和资本主义工商业的社会主义改造，这是总路线的两翼。主体和两翼是一个完整的整体。"鸟无两翼不飞，车无双轮不行"，两者相互促进，相辅相成。工业化是社会主义改造的基础和目的。离开了工业化，社会主义改造就失去了意义。社会主义改造是工业化不可缺少的条件和手段。不对落后的个体农业、个体手工业和资本主义工商业进行社会主义改造，工业化也无法真正实现。对农业、手工业和资本主义工商业进行社会主义改造，是为了确立社会主义生产关系，并在这种经济基础上进一步健全社会主义上层建筑，以继续解放和发展生产力。

过渡时期总路线的提出反映了中国由新民主主义向社会主义转变的历史必然性。在当时的历史条件下，符合中国的基本国情。

**案例分析**

第一个五年计划

第一个五年计划开始时，我国的工业化水平很低，毛泽东对此有过一段形象的描述："现在我们能造什么？能造桌子椅子，能造茶壶茶碗，能种粮食还能磨成面粉，还能造纸，但是一辆汽车、一架飞机、一辆坦克、一辆拖拉机都不能造。"因此"一五"计划的重点是优先发展重工业。第一个五年计划的编制工作，由周恩来、陈云主持，从1951年开始着手，先后历时四年，五易定稿，到1954年9月基本定案。自1953年至1957年为第一个五年计划时期。中国第一个五年计划，即中华人民共和国1953年至1957年的国民经济发展计划，简称"一五"计划。

1953年底，鞍山钢铁公司大型轧钢厂等三大工程建成投产。1956年，中国第一个生产载重汽车的工厂——长春第一汽车制造厂生产出第一辆汽车；中国第一个飞机制造厂试制成功第一架喷气式飞机；中国第一个制造机床的工厂——沈阳第一机床厂建成投产。1957年，武汉长江大桥建成，连接了长江南北的交通。1957年生产钢535万吨，原煤1.3亿吨，粮食1.95亿吨。"一五"

计划期间，社会总产值平均每年增长11.3%，工农业产值平均每年增长11.1%，农业为4.5%，工业为18%（其中轻工业12.9%，重工业25.4%）。在工农业总产值中，工业总产值的比重由1949年的30%上升到1957年的56.7%，经济结构发生了很大变化，为中国工业化奠定了初步基础。五年中，工业全员劳动生产率增长52.1%，农业劳动生产率增长11.9%，工业物质消耗降低2.3%，每百元产值提供利润17.1元；国民收入平均每年增长8.9%。全国城乡居民消费水平平均每年增长4.2%，其中，农民3.2%，职工4.9%。到1957年底，各项经济建设指标，一般都大幅度超额完成，特别是工业和交通运输业喜报频传。川藏、青藏、新藏公路修到"世界屋脊"，密切了祖国内地同边疆的联系，也便利了经济文化的交流。从此，我国开始改变了工业落后的面貌。

## 第三节　社会主义的"三大改造"

对农业的社会主义改造，国家按照积极领导、稳步前进的方针，以及自愿互利、典型示范和国家帮助的原则，引导农民自愿联合起来，大致经过了社会主义萌芽性质的互助组、半社会主义性质的初级农业生产合作社、社会主义性质的高级农业合作社三种由低级到高级逐步过渡的形式。大致可分为三个阶段：第一个阶段是1949年10月至1953年，以办互助组为主，同时试办初级形式的农业合作社。第二阶段是1954年至1955年上半年段，初级社在全国普遍建立和发展。第三个阶段是1955年下半年至1956年底，也是农业合作化运动迅猛发展的时期。到1956年底，全国提前实现了农业合作化，基本完成了农业社会主义改造。

**农业合作化的发展过程**

| | 参加互助合作社的农户，占全国农户的比重（%） | 其中参加农业生产合作社的户数所占的比重（%） | | |
|---|---|---|---|---|
| | | 合计 | 高级社 | 低级社 |
| 1950 | 10.7 | – | – | – |
| 1951 | 19.2 | – | – | – |
| 1952 | 40.0 | 0.1 | – | 0.1 |
| 1953 | 39.5 | 0.2 | – | 0.2 |
| 1954 | 60.3 | 2.0 | – | 2.0 |
| 1955 | 64.9 | 14.2 | – | 14.2 |
| 1956 | 96.3 | 96.3 | 87.8 | 8.5 |

在手工业社会主义改造的步骤和形式上，中国共产党采取了从供销合作社小组、手工业供销合作社，再发展到手工业生产合作社，由小到大、由低级到高级，逐步改变手工业的生产关系。大致也经历了三个阶段：第一阶段，1953年以前为手工业合作化试办阶段，主要把城市里的失业和半失业的工人组织起来。第二阶段，1954年至1955年底的发展阶段。第三阶段，1956年合作化高潮阶段。到1956年底，全国共组织了10万个合作社，入社社员占全部手工业从业人员的91.7%，基本实现了对手工业的社会主义改造。

**手工业合作化的发展历程**

| 年份 | 从业人员（万人） | | | 比重（以从业人员总数为100） | | 产值（亿元） | | |
| --- | --- | --- | --- | --- | --- | --- | --- | --- |
| | 总数 | 合作化手工业 | 个体手工业 | 合作化手工业 | 个体手工业 | 总数 | 合作化手工业 | 个体手工业 |
| 1953 | 778.9 | 30.1 | 748.8 | 3.9 | 96.1 | 91.19 | 5.06 | 86.13 |
| 1954 | 891.0 | 121.3 | 769.7 | 13.6 | 86.4 | 104.62 | 11.70 | 92.92 |
| 1955 | 820.2 | 220.6 | 599.6 | 26.9 | 73.1 | 101.23 | 20.16 | 81.07 |
| 1956 | 658.3 | 603.9 | 54.4 | 91.7 | 8.3 | 117.03 | 108.76 | 8.27 |

对资本主义工商业实行社会主义改造，就是要把资本主义私人所有制改造成为社会主义公有制。对资本主义工商业的社会主义改造，主要是经过国家资本主义的多种形式逐步实现的。中国的资本主义分为官僚资本和民族资本两种。对官僚资本采取剥夺、没收的政策。对民族资本则是采取利用、限制和改造的政策，通过国家资本主义的形式，最终实现对资本主义工商业的和平赎买。创造了一系列从低级到高级的国家资本主义的过渡形式，保证了社会主义改造的顺利进行，促进了社会生产力的发展。所谓低级形式的国家资本主义就是委托加工、计划定货、统购统销、委托经销代销等，具有社会主义萌芽的因素。高级形式的国家资本主义是公私合营。公私合营又分个别企业的公私合营和全行业的公私合营两种形式。前者具有半社会主义的因素，后者则已经具备完全的社会主义因素。此外，国家还注意把对企业的改造与对人的改造结合起来，在把私有制企业改造成公有制企

业的过程中，把资本家改造成为自食其力的劳动者。

**私营商业的社会主义改造过程**

| 年份 | 比重（以全部商业企业商品零售价为100） | |
|---|---|---|
| | 国家资本主义和合作社商业 | 私营商业 |
| 1953 | 0.4 | 49.9 |
| 1954 | 5.4 | 25.6 |
| 1955 | 14.6 | 17.8 |
| 1956 | 27.5 | 4.2 |

三大改造的完成，标志着社会主义制度在中国全面确立，宣布了占世界人口四分之一的中国进入了社会主义社会。这为当代中国的发展进步奠定了制度基础，也使广大劳动人民真正成了国家和社会生产资料的主人。在一个几亿人口的大国中比较顺利地实现如此复杂、艰难和深刻的社会变革，的确是伟大的历史性胜利。

**案例分析**

红色资本家荣毅仁的传奇人生

无锡是江南颇为独特的一个城市，这里也是诞生现代工商业家族"荣氏家族"的地方。荣家就是在20世纪初崛起于无锡的中国最著名的现代工商业家族，奠定荣氏商业世家基础的便是荣毅仁的父辈荣宗敬、荣德生兄弟。荣宗敬(1873年—1938年)雄才大略，荣德生(1875年–1952年)讷于言而敏于行，平实勤励。他俩早年随父经营钱庄业，后贩面粉北销，获得厚利，遂与友人在无锡合办保兴面粉厂，1903年独资经营后更名茂新面粉厂。1905年又开设振新纱厂，随后陆续在上海、无锡、汉口开设申新纺织厂、福新面粉厂、茂新面粉厂。历经二十余年，荣氏兄弟便进入了中国最大的民族资本家行列，成为名震工商业界的"面粉大王"和"棉纱大王"。新中国成立后，荣德生坚持留在大陆，历任全国政协委员、华东军政委员会委员、苏南行政公署副主任等职。在半个世纪的工商生涯中，造就了实力雄厚、散布全球的工商业家族网络。

荣毅仁生于1916年，1937年在上海圣约翰大学历史系毕业时，正值日本全面侵华时期。荣宗敬自上海避居香港，次年2月不幸病逝，年仅弱冠的荣毅仁开始辅佐父亲经营庞大的家族企业，先后任无锡茂新面粉公司助理、经理，上海合丰企业公司董事，上海三新银行董事、经理，逐渐成为荣氏二十多个家族企业的代表。建国前夕，荣氏家族其他成员和上海的其他资本家一样，纷纷离开大陆，而荣毅仁决定留下来。1956年，他经过深思熟虑后，把自己的商业帝国无偿交给国家，为新中国的工业振兴作出了卓越贡献，赢得了普遍的尊重。当时的国务院副总理陈毅以老市长身份，为荣毅仁助选上海副市长，"因为他既爱国又有本领，应当选为国家领导人"。1957年后，荣毅仁出任上海市副市长、纺织工业部副部长。

荣毅仁的一生，始终在资本家与政治家之间转换。有一位香港记者这样形容荣毅仁："身材高大、满头银发，一身法式双排扣西服,挺直的腰板,总给人以器宇轩昂的感觉。"刚毅仁厚的荣毅仁喜欢的名言是"发上等愿,结中等缘,享下等福;择高处立,就平处坐,向宽处行"。

# 第七章 社会主义建设的探索

## 第一节 《论十大关系》

《论十大关系》:毛泽东1956年4月25日在中共中央政治局扩大会议上的讲话。该文把中国社会主义革命和社会主义建设中的问题和矛盾,概括为十大关系:重工业和轻工业、农业的关系,沿海工业和内地工业的关系,经济建设和国防建设的关系,国家、生产单位和生产者个人的关系,中央和地方的关系,汉族和少数民族的关系,党和非党的关系,革命和反革命的关系,是非关系,中国和外国的关系。讲话创造性地提出,发展农业和轻工业以发展重工业,充分利用沿海工业基地,兼顾国家、集体、个人三方面的利益等正确方针。反映了作者在新的历史条件下,从实际出发、实事求是地对适合我国情况的社会主义建设道路的探索。

## 一、以苏联经验为鉴

如何对待苏联经验,是中国共产党在前进道路上反复遇到的一个重要问题。党从成立之日起就自觉地以苏联为榜样。建国后,在进行大规模经济建设的初期,党再次遇到如何对待苏联经验的问题。毛泽东关于学习苏联先进经验的思想在第一个五年计划期间在实际工作中表现为照搬,特别是在重工业、计划管理、金融、统计等方面基本是照搬苏联做法。由于党没有管理全国经济的经验,知识准备不足,经济技术落后,以美国为首的资本主义国家又对中国实行全面禁运和封锁。因此,这在当时是很难避免的。

但是,毛泽东也认为,对苏联经验也要加以分析,其中有先进的经验,也有落后的经验;有正确的经验,也有错误的经验。我们应该拒绝和避免落后的、错误的经验。即使那些先进的正确的经验也不能生搬硬套,也要结合中国的实际情况创造性地加以运用。根据这一思想,毛泽东开始在《论十大关系》中探索实际问题,并且提出与苏联不同的解决问题的方法。

## 二、注重实际的调查研究

在中国革命的历史上,毛泽东为了探索适合中国国情的革命道路,曾经利用一切可能的机会和条件深入实际调查研究。建国以后，为了探索适合中国国情的社会主义道路同样离不开调查研究。毛泽东的《论十大关系》就是在调查研究的基础上产生的。

1961年3月毛泽东在广东中央工作会议上的讲话中谈到过《论十大关系》的产生过程。他说，建国后这11年他做过两次调查，一次是关于合作化问题，还有一次是关于十大关系问题。后者从1956年2月14日开始，到4月24日结束，他共听取国务院34个部门的工作汇报，还有国家计委关于第二个五年计划的汇报，历时41天。用他自己的话来说，几乎每天都是"床上地下，地下床上"。一起床，就开始听汇报。各部事先把汇报写成书面材料送给毛泽东。毛泽东听口头汇报时，不断插话，提出问题，发表意见，进行评论。汇报结束后，毛泽东把各方面意见集中起来，概括为十大关系。

## 三、走中国自己的工业化道路

毛泽东在《论十大关系》中首先提出的问题是，重工业和轻工业、农业的关系。这不仅是产业结构问题，也是中国工业化的道路问题。中国是一个经济落后的农业国，实现工业化是近代以来中国人梦寐以求的理想，也是党义不容辞的责任。为了实现工业化，必须优先发展生产资料的生产，把重工业作为经济建设的重点，这是毫无疑问的。但在工业化的道路上一定要重视农业，这是毛泽东反复强调的。苏联领袖斯大林由于过分强调重工业而忽视农业，留下了很深的隐患。毛泽东提出的在优先发展重工业的条件下，工农业同时并举，这是中国工业化的正确道路。

**案例分析：**

新中国的"长子"

东北老工业基地是新中国成立初期国家为实现工业化和建立完整的工业体系而集中全国的人力、物力、财力在东北地区建立的以重工业为主要特色的产业基地。从"一五"时期到20世纪90年代，东北老工业基地为我国的经济建设作出了极其巨大的贡献，它不愧"共和国的长子"这个称号，为我国工业体系的建立立下了汗马功劳。

东北工业基地的建成，带动了新中国经济的快速增长，为我国的经济发展和工业化进程作出了突出的贡献。仅从下列几个典型企业就可以看出东北工业基地所发挥的重要作用。

中国汽车工业的摇篮——长春第一汽车制造厂。长春第一汽车制造厂(简称一汽)是"一五"计划期间，前苏联援建的首批重点项目。从1950年4月开始选址，1953年7月15日，一汽举行了隆重的开工典礼。从1956年3月开始，第一炉铁水、第一批铸件、第一台发动机变速箱及第一台驾驶室相继在这里诞生。同年7月13日，一汽试制成功了中国第一辆汽车——"解放"牌汽车。10月15日，一汽正式建成投产，当年制造出"解放"牌汽车1240辆，装配吉斯150汽车420辆，中国的汽车工业自此开始起步。到1962年，一汽已由单一品种向多品种、多系列发展，形成了"解放"、"红旗"、"越野"三个系列。仅从1956至1987年，一汽就累计生产"解放"牌汽车128万多辆，占全国载重汽车保有量的50%左右。到1985年，一汽向国家上缴利税和折旧费61.6亿元，相当于建厂投资的10倍。

中国第一个大型化学工业基地——吉林化学工业公司。吉林化学工业公司的前身是吉林化工厂，"一五"时期，前苏联援建的156项重点项目中的吉林染料厂、吉林化肥厂和吉林电石厂一并建在这里。1954年，前苏联援建的这三个厂的一期工程全面展开，仅用了三年半的时间，就建成了当时国内最大的染料厂、化肥厂，并安装了亚洲最大的电厂炉和一系列加工设备。到1957年10月25日，吉化公司第一期工程开始投产，1958年正式成立了吉林化学工业公司，该公司拥有12个基层厂，这个以煤和石油为原料的大型联合化工企业在"一五"计划期间，即完成工业总产值1705万元，至1985年，吉林省石油化学工业企业累计上缴国家利税92.4亿元，不仅成为吉林省工业的支柱产业，还为支援全国化学工业的发展和建设作出了巨大贡献。

改变了中国石油工业面貌的大庆油田。研究东北老工业基地的历史贡献就不能不谈到大庆油田，大庆油田是世界上原油年产量达到或超过5000万吨的几个特大油田之一，对国家的经济建设作出了巨大的贡献。不但为我国提供了近1/2的原油，而且也是全国上缴利税最多的一个企业。1960年至1987年,大庆油田累计生产原油9亿吨,上缴利税819亿元,相当于同期国家对油田投资的21倍。

## 四、有自己的一套方法

在《论十大关系》中,毛泽东总结中国共产党的一些成功经验,形成了与苏联不同的处理国内外关系的一套办法。主要有以下几点:

正确的民族政策。建国初期毛泽东就提出了在一切工作中要坚持民族平等和民族团结的政策。毛泽东再次在文章中提出,我国少数民族人数少,各个少数民族对中国历史都作出过贡献,我们要诚心诚意积极地帮助少数民族发展经济建设和文化建设。

正确处理政党关系。"究竟是一个党好,还是几个党好?现在看来,恐怕是几个党好。不但过去如此,而且将来也可以如此,就是长期共存、互相监督。在我们国内,在抗日反蒋斗争中形成的以民族资产阶级及其知识分子为主的许多民主党派,现在还继续存在。在这一点上,我们和苏联不同。我们有意识地留下民主党派,让他们有发表意见的机会,对他们采取又团结又斗争的方针。"

正确对待犯错误的同志。要采取"惩前毖后、治病救人"的方针,帮助他们改正错误,允许他们继续革命。

正确处理中国和外国的关系。"提出向外国学习的口号……每个民族都有它的长处,不然它为什么能存在?为什么能发展?同时,每个民族也都有它的短处……我们的方针是,一切民族、一切国家的长处都要学,政治、经济、科学、技术、文学、艺术的一切真正好的东西都要学。但是,必须有分析、有批判地学,不能盲目地学,不能一切照抄,机械搬用。他们的短处、缺点,当然不要学。"

## 第二节 关于社会主义社会的矛盾

《关于正确处理人民内部矛盾的问题》:毛泽东1957年2月27日在最高国务会议第十一次(扩大)会议上的讲话,后被编入《毛泽东文集》第7卷。讲话创造性地提出正确区分和处理人民内部矛盾与敌我矛盾两类不同性质矛盾的学说。指明在我国革命时期的大规模的急风暴雨式的群众阶级斗争基本结束,提出把正确处理人民内部矛盾作为我国政治生活的主题。指出在社会主义社会中,基本矛盾仍然是生产关系和生产力之间的矛盾,上层建筑和经济基础之间的矛盾。提出在解决人民内部矛盾方面实行"团结—批评—团结",在处理共产党和民主党派的关系方面实行"长期共存、互相监督",在促进艺术发展和科学进步方面实行"百花齐放、百家争鸣",在处理问题和解决矛盾方面实行"统筹兼顾、适当安排"等一系列正确的方针和方法。

## 一、社会主义社会有没有矛盾

毛泽东通过调查研究明确指出社会主义社会生活中存在着矛盾。他在《论十大关系》中提出了十个问题，也就是十大关系。他说："这十种关系，都是矛盾。世界是由矛盾组成的。没有矛盾就没有世界。我们的任务，是要正确处理这些矛盾。"1957年毛泽东又在名篇《关于正确处理人民内部矛盾的问题》中指出："许多人不承认社会主义社会还有矛盾，因而使得他们在社会矛盾面前缩手缩脚，处于被动地位；不懂得在不断地正确处理和解决矛盾的过程中，将要使社会主义社会内部的统一和团结日益巩固。"

## 二、社会主义社会的基本矛盾

毛泽东在领导中国革命的过程中，十分注重对中国社会各个历史时期的基本矛盾的具体分析。在社会主义改造基本完成以后，毛泽东又进一步分析了社会主义社会的基本矛盾，指出"在社会主义社会中，基本的矛盾仍然是生产关系和生产力之间的矛盾，上层建筑和经济基础之间的矛盾"。这是毛泽东运用马克思主义的观点来考察社会主义社会。毛泽东还具体分析了社会基本矛盾在社会主义社会中所具有的特殊性。他指出，社会主义社会的基本矛盾与旧社会相比具有根本不同的性质和情况，这就是生产力和生产关系、经济基础和上层建筑有相适应的一面，也有相矛盾的一面。

## 三、两种不同性质的矛盾

除了基本矛盾之外，毛泽东指出，社会主义还存在两类不同性质的矛盾，这就是敌我之间的矛盾和人民内部的矛盾。在我国社会主义建设时期，"一切赞成、拥护和参加社会主义建设事业的阶级、阶层和社会集团，都属于人民的范围；一切反抗社会主义革命和敌视、破坏社会主义建设的社会势力和社会集团，都是人民的敌人。""敌我之间的矛盾是对抗性的矛盾。人民内部的矛盾，在劳动人民之间说来，是非对抗性的；在被剥削阶级和剥削阶级之间说来，除了对抗性的一面以外，还有非对抗性的一面。"

社会主义社会两类不同性质的矛盾，是客观存在的，但也不是一成不变的。在一定条件下，这两类不同性质的矛盾是可以转化的。因此，必须严格区分和正确处理两类不同性质的矛盾，尤其是已经居于主要地位的人民内部矛盾，如果处理不当，或者失去警觉，也可能发生对抗。

**案例分析：**

1956年匈牙利事件

东欧国家匈牙利发生的一次震动全国的反革命暴乱。1956年

10月23日，布达佩斯工人、学生和各界群众20多万人率先举行示威游行，提出实行工人自治、保障民主和思想、言论自由、新闻自由等一系列要求。匈共领导人格罗关于禁止游行的命令激怒了群众，混在游行队伍中的反革命分子乘机煽动群众冲击国家机关，一场大规模动乱由此开始。10月25日，新上任的部长会议主席纳吉宣布施政纲领，呼吁停止一切武装冲突，28日又宣布结束一党制，恢复已被取消多年的资产阶级党派。纳吉政府的一再退让，导致反革命势力更为猖狂。在这种形势下，以卡达尔为首的匈牙利党政领导人，依靠苏联军队帮助，于11月出动人民军队清除了布达佩斯和其他地区的反革命武装势力，恢复了秩序。这场为期十几天的大动乱，使匈牙利的国民经济遭到了极为巨大的损失。

## 四、正确处理人民内部矛盾

虽然社会主义社会存在两种不同性质的矛盾，但是，大量的事实表明，人民内部矛盾已经在社会主义社会矛盾体系中居于主要地位，因此，正确处理人民内部矛盾变成了当务之急和国家政治生活的主题。毛泽东为此制定了一系列正确处理人民内部矛盾的制度、公式和方针。

在人民内部实行民主集中制。民主是一个政治范畴，其本意是指人民掌握治理国家的权力。中国共产党所说的"民主"，在政府的组织形式上是民主集中制,它是民主的又是集中的,要将民主和集中这两个似乎相冲突的东西在一定形式上统一起来。这为正确处理人民内部矛盾提供了制度保障。

"团结—批评—团结"的公式。这是在延安整风时形成的,就是从团结的愿望出发,经过批评与自我批评使矛盾得以解决,从而在新的基础上达到新的团结。不但共产党处理同各民主党派、各个少数民族、工商业者之间的关系采用这个方法,而且各民主党派之间、各少数民族之间和工商联内部也采用这个方法。

"百花齐放,百家争鸣"的方针。就是"艺术问题上的百花齐放,学术问题上的百家争鸣"," 艺术上不同的形式和风格可以自由发展,科学上不同的学派可以自由争论"。"双百方针",是促进艺术发展和科学进步的方针,是促进我国的社会主义文化繁荣的方针。

"长期共存、互相监督"的方针。这是处理共产党与各民主党派之间关系,解决政党之间矛盾的方针。"所谓互相监督,当然不是单方面的,共产党可以监督民主党派,民主党派也可以监督共产党。为什么要让民主党派监督共产党呢?这是因为一个党同一个人一样,耳边很需要听到不同的声音。大家知道,主要监督共产党的是劳动人民和党员群众。但是有了民主党派,对我们更为有益。"

## 第三节　毛泽东读苏联政治经济学教科书的启示

　　1959年冬天，毛泽东在杭州读苏联《政治经济学教科书》。他为什么要读这本书呢？这要追溯到1958年。1958年11月9日，毛主席有一封信给中央、省、地、县的领导同志。他建议大家读两本书：一本是斯大林的《苏联社会主义经济问题》；一本是《马恩列斯论共产主义》。在这封信中他说："要联系中国社会主义经济革命和经济建设去读这两本书，使自己获得一个清醒的头脑，以利指导我们伟大的经济工作。"写这信时他正在郑州开会，开始纠正这年在"大跃进"中已经出现的一些"左"的错误。所以他在信中说："现在很多人有一大堆混乱思想……有些号称马克思主义经济学家的同志，在最近几个月内，就是如此……一临到目前经济实践中某些具体问题，他们的马克思主义就打了折扣了。"所以他建议读这两本书，并说："将来有时间，可以再读一本，就是苏联同志们编的那本《政治经济学教科书》。"他自己在发这封信一年以后就实行了这个计划。可以看出，他读书就是因为当时在"大跃进"中出现了许多问题，他在考虑这些问题，想解决这些问题，所以急于读马克思主义的理论，想借鉴苏联的经验。

## 一、商品生产与价值规律

毛泽东指出，中国"需要有一个发展商品生产的阶段"，必须肯定在社会主义中商品生产和商品交换还有积极意义。只有通过发展商品生产，才能满足社会需要，团结农民，巩固工农联盟，引导农民从集体所有制过渡到全民所有制。那种害怕商品生产会导致资本主义的担心也是没有必要的。他说："商品生产有没有消极方面呢？有就限制它嘛！"

后来，针对人民公社化运动中出现的否定价值规律和等价交换原则，刮"共产风"，搞"一平二调"的错误做法，毛泽东在1959年作了"价值法则是一个伟大的学校"的批示。这些对于后来的社会主义市场经济有重要启示作用。

## 二、有计划按比例发展的规律

毛泽东指出："资本主义技术的发展，有不平衡的方面，也有平衡的方面。问题是这种平衡和不平衡，同社会主义制度下的平衡和不平衡，在性质上不同。在社会主义制度下，技术发展有平衡，也有不平衡。"不仅技术发展有平衡不平衡问题，社会主义经济发展也有平衡不平衡问题。

"斯大林把这个规律具体化为优先发展重工业。斯大林的缺点是过分强调了重工业的优先增长，结果在计划中把农业忽略了。""我们的提法是在优先发展重工业的条件下,发展工业和发展农业同时并举。所谓并举,并不否认重工业优先增长,不否认工业发展快于农业;同时,并举也并不是要平均使用力量。"

### 三、"四个现代化"的提出

毛泽东说:"建设社会主义,原来要求是工业现代化,农业现代化,科学文化现代化,现在要加上国防现代化。"这就是"四个现代化"。

"四个现代化"的提出是历史的必然。所谓现代化,作为一个世界历史范畴,是指人类社会从传统农业社会向现代工业社会的转变过程。其基础是工业化,就是发展现代工业,以现代大机器生产取代传统的手工操作,建立独立的完整的工业体系。我国还是一个农业大国,发展工业必须和发展农业同时并举才有可能实现工业化。没有现代化的工业就没有工业化的国防,而加强国防建设又为发展工农业生产提供了必要的保障。中国虽然有悠久的历史和丰富的文化遗产,但是缺乏现代科学文化。因此,还要提高全民族的科学文化水平。只有这样,才能实现现代化,实现中国各族人民梦寐以求的愿望。

在以毛泽东为核心的党中央领导下,在20世纪50年代至70年代,中国的社会主义现代化建设,尽管出现了这样或那样的挫折,但是依然取得了巨大的胜利,中国建立起了独立的比较完整的工业体系和国民经济体系，综合国力有了大幅度的提高。我们不仅有了自己制造的飞机、汽车、轮船，还有了自己研制的原子弹、氢弹和人造卫星，还造就了一支庞大的工人阶级知识分子队伍。所有这些，都为后来的改革开放和社会主义现代化建设奠定了十分重要的基础。

## 第四节　独立自主的和平外交政策

### 一、倡导和平共处五项原则

中国的发展离不开世界，中国的社会主义建设需要国际支援。为了给社会主义建设创造有利的国际环境和条件，中国共产党和中国政府坚持独立自主的和平外交方针。

新中国成立前夕，毛泽东阐明了新中国奉行独立自主的外交政策的基本立场，强调中国的事情必须由中国人自己来处理，任何国家都不得干涉，确定了"另起炉灶"、"打扫干净屋子再请客"和"一边倒"的方针。新中国成立后，依据这一方针，中国同苏联和欧亚人民民主国家，同一些民族独立国家和一些资本主义国家建立了外交关系。

1953年12月，周恩来在接见参加中印关于中国西藏地方和印度的关系问题谈判的印度政府代表团时，第一次提出和平共处五项原则,即:"互相尊重主权和领土完整、互不侵犯、互不干涉内政、平等互利和和平共处"。1954年6月,周恩来与印度总理尼赫鲁发表联合声明,一致同意以和平共处五项原则作为指导相互关系的基本原则,并倡议将这五项原则作为处理国际关系的准则。和平共处五项原则,是中国共产党和中国政府对世界和平事业的重大贡献,在国际上产生了广泛而深远的影响。

## 二、反对霸权主义

霸权主义,指凭借军事和经济实力称霸世界的政策。一般指超级大国推行的妄图主宰世界的强权政策。此外也有凭借其军事力量及大国支持,践踏别国主权,侵略别国领土,干涉别国内政,力图控制、支配或统治其他国家或者某一地区的地区霸权主义。第二次世界大战后,某些国家推行以追求世界霸权或地区霸权为目的的政策是破坏世界和平和地区安宁的根源。反对霸权主义是世界人民的共同任务。1973年9月,第四次不结盟国家和政府首脑会议,首次明确提出"反对霸权主义"。我国宪法中明确规定,坚持反对帝国主义、霸权主义、殖民主义是我国对外政策的主要内容之一。中国政府还宣布自己永远不称霸。

20世纪50年代末期之后,世界局势动荡,中国面临来自多方面的公开的和潜在的威胁和压力。中国共产党和中国政府在坚持独立自主的和平外交方针的同时,坚决反对霸权主义,维护中华民族尊严和国家利益，维护社会主义事业、维护世界和平。不仅反对美国的侵略政策和霸权主义，而且批评、反对苏联的大国沙文主义和霸权主义。同时，中国政府多次申明"中国永远不称霸，永远不做超级大国"；中国政府和人民绝不接受任何不平等的地位和待遇，同时也绝不愿意欺负、压迫或控制任何其他国家和民族；并且积极倡导将反对霸权主义作为在国际法上调整国家关系的基本原则。

## 三、"三个世界"划分的战略思想

20世纪60年代至70年代，国际政治力量进一步分化改组，许多亚非国家纷纷独立，在国际事务中的作用有所增加；社会主义阵营由于苏联推行霸权主义而不复存在；西方资本主义国家之间由于发展的不平衡和利益的冲突，矛盾重重。

毛泽东敏锐地注视到这一变化，对世界格局作出了新的判断，1974年2月，他在会见赞比亚总统卡翁达时提出了"三个世界"划分的思想。他说："我看美国、苏联是第一世界。中间派，日本、欧洲、加拿大，是第二世界。咱们是第三世界。""第三世界人口很多。亚洲除了日本都是第三世界。整个非洲都是第三世界，拉丁美洲也是第三世界。"

这个战略思想有丰富的内容和重大的现实指导意义。"三个世界"的战略思想表明：苏、美两霸是第一世界，它们互相争夺世界霸权，占世界人口大多数的第三世界国家和人民，是反帝、反殖、反霸的主力军；占世界人口五分之一的中国，已经由当年的半殖民地半封建国家变为强大的社会主义国家，和其他坚持反帝反霸的社会主义国家一道，坚定地站在第三世界一边，成为第三世界中不可动摇的力量；在上述两者之间的发达国家，如英国、法国、西德、日本等是第二世界，它们具有两面性，是第三世界在反霸斗争中可以争取或联合的力量。

毛泽东主席关于划分"三个世界"的正确战略，为国际无产阶级、社会主义国家和被压迫民族团结一致，建立最广泛的统一战线，反对苏美两霸和它们的战争政策，提供了强大的思想武器。关于"三个世界"的理论，也是我国当时制定对外政策的重要依据。

# 结 束 语

如果对毛泽东思想作综合评价，就离不开历史背景，特别是离不开马克思主义在中国传播的历史，离不开马克思主义中国化的历史。研究和评价毛泽东这样的世纪伟人，应该把他的生平、思想和业绩，同20世纪正反两方面的历史经验、时代精神的精华、中国共产党建设的历史进程、人民群众的智慧紧密地结合起来，应该以20世纪中国历史的曲折和胜利为新起点和新高度，应该看到毛泽东思想在当代中国特色社会主义理论体系行程中一脉相承的基础性作用。毛泽东思想将一如既往并与时俱进地成为我们党开创未来的最宝贵的精神财富。

## 第一节　毛泽东思想永远是我们宝贵的精神财富

毛泽东思想是一种与时俱进的思想。毛泽东思想在具体的历史活动中始终以实践为准绳，沿着不断追求真理、不断开拓创新的思想认识路线前进。当大革命的阴影尚未被驱散，以城市为中心的欧洲革命模式还在严重束缚着党内某些领导人的时候，毛泽东就从"无路"中探求"新路"，从危难中挽救了中国革命；当历史从偏僻的农村红色政权走向民族革命战场之际，毛泽东已站在社会车轮的前头充当向导，调动千军万马投入挽救民族危亡的抗日战场；当抗战初露胜利的曙光，毛泽东已预见到一场国内决战必将爆发和实行全国人民总动员的必要性；当决战胜利的前夕，毛泽东又深有远见地提出了一系列有关建国和建立社会主义制度的设想与方略。

毛泽东思想是一种崇高的精神境界。从中国革命的历史来看，毛泽东思想所焕发出来的"艰苦奋战而不溃散"、"为主义而牺牲"、"星星之火可以燎原"的共产主义精神，使红军在反围剿和长征中战胜了一切艰难险阻；随后，毛泽东提出的为人民服务的精神、毫不利己专门利人的精神、愚公移山的精神，又激励了一代又一代的革命者为美好的未来而奉献出自己的一切；毛泽东在全国胜利前夜向全党提出告诫：务必使同志们继续保持谦虚谨慎、不骄不躁的作风，务必使同志们继续保持艰苦奋斗的作风。这些昨天的精神和理想，成了今天的现实，今天的精神和理想，又将成为我们继续前进的动力。

毛泽东思想也是一种我们应当坚持的优良风貌。党的优良作风是由毛泽东言传身教、亲手培养的。他始终坚持和人民群众紧密联系在一起的作风，坚持与群众同命运、共呼吸、心连心，他毕生艰苦朴素，毫不利己专门利人，困难时期主动降低生活标准，与群众同甘苦；他一身正气，廉洁自律，雷厉风行地反对贪污、浪费和官僚主义，使社会风气出现了前所未有的良好局面；他把自己的一切都献给了革命事业，他无私无畏，敢于坚持原则，开展批评与自我批评，为全党树立了立党为公、执政为民的典范，也树立了保持昂扬锐气和浩然正气的榜样。

## 第二节　历史转折点是以真正高举毛泽东思想为标志的

毛泽东作为伟大的无产阶级革命家、战略家，他的一生是为民族振兴、人民解放而艰苦奋斗的一生，是为新中国的缔造、社会主义事业的发展建立了不可磨灭的功勋的一生；他作为伟大的马克思主义理论家，是在中国社会处于特殊条件下把理论和实践创造性结合的一生，是马克思主义发展史上一系列独创性理论的典范。毛泽东逝世后，历史车轮又前进了30多年。回顾历史，诚如邓小平说过的：真正的历史转折点，是十一届三中全会，是继承和发展毛泽东思想正确的东西，那就是中国化的马克思主义，就是马克思主义的历史唯物主义和辩证唯物主义，也就是毛泽东思想。

毛泽东思想的深远影响、不可抗拒的凝聚力和说服力、经久不息的生命力，仍然是当今时代的光彩，仍然是长期指导我们行动的向导，仍然是马克思主义中国化的基础性和原创性的理论成果，毛泽东的重要著作仍然是我们必须经常学习的经典，仍然是马克思主义发展史上不能割裂的一脉相承的重要文献，也是饱含着许多基本原理、原则和科学方法，具有普遍意义的理论载体。在当今和今后，不仅要通过文字使毛泽东思想得以传承，而且要通过深入的口头采访和调查研究使其得到发展。毛泽东思想的地位是不可磨灭的，其当代意义也是不可磨灭的。

## 第三节　中国特色社会主义理论体系是对毛泽东思想的历史验证

毛泽东思想是继往开来的科学的思想体系。它对社会主义诸多问题的探索是以"中国特色"为重点的。继毛泽东思想之后，经过党的选择而形成的邓小平理论，以及由此而产生的"三个代表"重要思想和科学发展观，都先后被列为党的指导思想。党在90多年的历史中，对指导思想的选择和确定是一脉相承的，这说明指导思想的内在联系及其发展具有一贯性与稳定性，这是我们党的优良传统和突出优点。而毛泽东思想的源头地位及其对当代中国奠定的政治前提与制度基础都有不可磨灭的意义。

中国特色社会主义理论体系和毛泽东思想具有一致性。两个理论体系的共识和一致，表明了它们有紧密的内在联系和继承关系，可谓一脉相承、相互辉映。当代马克思主义的发展线索，首先突出地表现为从毛泽东逝世到邓小平南方谈话问世期间的理论成果。16年间社会主义理论的前呼后应表明：从提出实事求是的思想路线，到制定改革开放的路线、方针、政策，前有毛泽东的大胆探索，后有邓小平关于姓资姓社的三条判断标准；从毛泽东提出不怕资本主义的论断，到邓小平分析我们拥有的应对资本主义的优势；从毛泽东在读书活动中讨论计划和市场，到邓小平论述计划和市场都是经济手段，而不是社会主义和资本主义的本质区别，等等。

时间是最好的见证。历史的又一个16年的发展中，中国特色社会主义理论体系把它的发展成果奉献给人民，使人民大众尝到了改革开放的甜头，得到了实实在在的实惠。毛泽东思想经受了历史和实践的验证，中国特色社会主义理论体系也以它胜于雄辩的成果证明了毛泽东思想深远的价值和永恒的意义。

## 第四节 弘扬读书学习的传统，建设马克思主义学习型政党

中国革命和建设的实践证明，中国共产党是重视学习、善于

学习，坚持与时俱进、不断创新的马克思主义政党。多年来，党的事业取得的发展和胜利，都是同全党的学习进步密不可分的。当今世界正处在大发展、大变革、大调整时期，各国综合国力竞争和各种力量较量更趋激烈，不稳定、不确定因素的增多，给我国发展带来了新的机遇和挑战。这就要求我们党要与时俱进，更加善于学习，以完成历史赋予的神圣使命。在新的历史条件下，党中央审时度势，提出了建设马克思主义学习型政党的重大命题，这是顺应时代发展对党的自身建设提出的新要求。毛泽东作为党的第一代中央领导集体的核心，高度重视学习，在学习方面提出了一系列新思想、新观点和新论断，形成了内涵丰富、特色鲜明的学习观。重温毛泽东的学习观，对当前建设马克思主义学习型政党，提高党的执政能力和执政水平，具有重要启示。

建设社会主义和实现共产主义是宏伟和崭新的事业，任重而道远。这就要求广大党员"必须在工作中不断学习，逐步克服自己的缺点，永远也不能停止"。通过学习，增强党员的责任感和危机意识，不断提高党驾驭社会主义市场经济的能力、发展社会主义民主政治的能力、建设社会主义先进文化的能力、构建社会主义和谐社会的能力以及应对国际局势和处理国际事务的能力，不断提升党的执政水平和能力，不断推进中国特色社会主义伟大事业。

新的历史条件下，我们仍然要继续坚持和弘扬理论联系实际的马克思主义学风，做到学以致用、用以促学、学用相长，以我国改革开放和现代化建设的实际问题、以我们正在做的事情为中心，着眼于马克思主义理论的运用，着眼于对实际问题的思考，着眼于新的实践和新的发展，与时俱进，开拓创新，不断开创中国特色社会主义事业的新局面。此外，在建设学习型政党过程中，广大党员和党员领导干部还要深入实际，深入生活，深入群众，以向人民高度负责的态度，虚心向社会主义现代化建设的实践学习，向群众学习，向国内外一切内行学习，不断提高工作水平和领导能力，以便更好地为社会主义现代化建设事业服务。

# 知识链接

## "三个代表"重要思想

江泽民同志2000年2月25日在广东省考察工作时,从全面总结党的历史经验和如何适应新形势新任务的要求出发,首次对"三个代表"重要思想进行了比较全面的阐述。"三个代表"重要思想的主要内容是:中国共产党始终代表中国先进生产力的发展要求;中国共产党始终代表中国先进文化的前进方向;中国共产党始终代表中国最广大人民的根本利益。

## 八国联军侵华战争

八国联军侵华战争(1900—1901),近代列强参与国最多的侵华战争。列强为镇压中国人民的反抗斗争,瓜分中国,勾结在一起共同侵华。清政府甘心充当洋人的工具,签订了《辛丑条约》,中国半殖民地社会完全形成。

## 拜金主义

拜金主义是一种在近代兴起的价值观，持此观念的人认为"在社会上，无钱万万不能"、"金钱至上"，这种价值观被认为起源于资本主义鼓励人类追求自我物质利益的思想主张，而许多广告也被认为有助长社会整体拜金主义风气的作用。拜金主义经常引起许多批评，尤其被保守派的人士抨击为造成现代社会物欲横流、道德沦丧的象征之一。批评者认为，拜金主义者太过强调金钱的重要性，以致拜金主义者变得唯利是图，对许多事物经常只看得到表面，看不到其内涵，精神层面也极为空虚。然而也有人认为，追求更好、更富裕的生活是所有人类的本性，而拜金主义不过是在现代资本主义社会的风气下，人类此种本性的一种反映而已。

## 半殖民地半封建社会

封建社会在外来资本主义入侵下形成的一种社会经济形态。所谓半殖民地之"半"，指它在政治上经济上为外来的资本主义侵略势力所操纵，但尚有名义上的政府与微小的经济力量，外国列强还未直接行使统治。所谓半封建经济之"半"，指在外来侵略势力的冲击下，封建自然经济的基础开始解体，产生了发展资本主义的某些条件，近代资本主义工业开始出现，封建经济已不是唯一的经济形式。这样，就形成了半殖民地半封建社会。我国从1840年鸦片战争后到1949年就处于半殖民地半封建社会。

## 辩证法

辩证法是关于对立统一、斗争和运动、普遍联系和变化发展的哲学学说，源出希腊语"dialego"，意为谈话、论战的技艺，指一种逻辑论证的形式。现在用于包括思维、自然和历史三个领域中的一种哲学进化的概念，也用来指和形而上学相对立的一种世界观和方法论。

## 辩证唯物主义

辩证唯物主义，是马克思、恩格斯批判地吸取德国古典哲学——黑格尔的辩证法的"合理内核"和费尔巴哈唯物论的"基本内核"，在总结自然科学、社会科学和思维科学的基础上创立的系统科学的逻辑理论思维形式，是一种以马克思和恩格斯学说来研究现实的哲学方法，是用"辩证的观点"和"唯物论的观点"解释和认识世界的理论。一般认为"辩证唯物主义"和"唯物辩证法"在本质上是一致的。

辩证唯物主义的基本观点有：1.唯物主义认为，物质是第一性的，意识是第二性的。世界的本原是物质，世界的万事万物都是物质派生出来的。2.物质世界是按照它本身所固有的规律运动、变化和发展的。规律是客观的，是不以人的主观意志为转移的。

3.辩证的唯物主义观点是相对于机械唯物主义而言的，即将辩证法与唯物主义相结合。

## 不可知论

不可知论是一种唯心主义的认识论，认为除了感觉或现象之外，世界本身是无法认识的。它否认社会发展的客观规律，否认社会实践的作用。不可知论最初是由英国生物学家T.H.赫胥黎于1869年提出的。不可知论断言人的认识能力不能超出感觉、经验和现象的范围，不能认识事物的本质及发展规律。在现代西方哲学中，许多流派从不可知论出发来否定科学真理的客观性，否认认识世界的可能性或者否认彻底认识世界的可能性。

## 德国古典哲学

德国古典哲学一般是指康德、费希特、谢林、黑格尔和费尔巴哈的哲学，是代表西方近代哲学的最高阶段。它继承了由德国哲学家莱布尼茨代表的唯理主义倾向，同时又受到了苏格兰启蒙运动中著名哲学家休谟的经验主义和怀疑论的影响，此外，以莱辛、歌德为代表的启蒙运动文学也对德国古典哲学起到了相当程度的影响。（斯宾诺莎的宿命论思想有时也被认为是德国古典哲学的重要思想来源之一。）在这些思想的共同影响下，德国古典哲学家总结并探讨了一系列哲学上的重大问题，尽管他们中的多数经常被泛泛地认为是唯心主义者，但他们的主张却不是统一的。康德是一个二元论者和不可知论者，他为了调和唯理主义和经验主义，提出了自己的批判哲学。费希特则持有一种主观唯心主义（后期也被认为倾向于客观唯心主义），谢林和黑格尔有时候被认为是客观唯心主义者，但事实上他们的意见是非常不同的。直到费尔巴哈以一种唯物主义的观点对黑格尔宏大的形而上学体系提出抨击，才终结了德国古典哲学。

德国古典哲学具有抽象性和思辨性的特点，同时它也是马克思主义的三个理论来源之一。此外，它提出了包括认识论、本体论、伦理学、美学、法哲学、历史哲学以及政治哲学等领域在内的各种重大问题和范畴，标志着近代西方哲学向现代西方哲学的过渡。

## 邓小平理论

邓小平理论，是以邓小平同志为主要创立者、以建设有中国特色社会主义为主题的理论。邓小平理论是马克思主义与当代中国实际和时代特征相结合的新成果，是毛泽东思想的继承和发展，是当代中国的马克思主义，是马克思主义在中国发展的新阶段，是中国共产党获得的与前苏联模式不同的社会主义建设经验的理论总结，是党和人民实践经验和集体智慧的结晶，是中国共产党人建设有中国特色社会主义的行动指南。

## 邓小平民主与法制的理论

邓小平民主与法制的理论，是马克思主义民主与法制理论和中国社会主义民主和法制建设的具体实践相结合的产物，是依法治国、建设社会主义法制国家的理论基石和重要指导思想。民主是社会主义的本质要求，人民当家做主是社会主义民主政治的核心，是社会主义法制的依托，同时也是中国共产党始终不渝坚持的奋斗目标。在政治上发展民主并实现社会主义民主制度化、法制化，是政治体制改革的重要任务。

## 第二次工业革命

第二次工业革命，也称第二次科技革命，是指1870年至1914年的工业革命。其中西欧和美国以及1870年后的日本，工业得到飞速发展。第二次工业革命紧跟着18世纪末的第一次工业革命，并且从英国向西欧和北美蔓延。第二次工业革命以电力的大规模应用为代表，以电灯的发明为标志。

## 第二次鸦片战争

第二次鸦片战争（1856—1860），为扩大侵华权益，英法联合侵华，攻占了北京，进行野蛮的洗劫。清政府被迫再次大肆出卖国家权益，签订了《天津条约》和《北京条约》，使中国社会的半殖民地程度进一步加深了。

## 第二国际

　　第二国际,即"社会主义国际",是一个工人运动的世界组织。1889年7月14日在巴黎召开了第一次大会,通过《劳工法案》及《五一节案》,决定以同盟罢工作为工人斗争的武器。组织后因第一次世界大战爆发而解散,其后伯尔尼国际成立并作为实体运作。第二国际所做出影响最大的动作包括宣布每年的5月1日为国际劳动节,宣布每年的3月8日为国际妇女节,并创始了八小时工作制运动。当今世界最大的政党组织"社会党国际"实际上为其延续,在二战后的1951年成立,成员均为原第二国际成员。

## 第一国际

　　第一国际,即国际工人联合会,1864年由英、法、德、意四国工人代表在伦敦开会成立,马克思代表德国工人参加该组织的工作,并逐渐用"科学社会主义"理论作为组织指导思想。由于会名太长,有时人们取它的第一个单词"International"代指,简称为"国际",历史上即称为"第一国际"。1871年,第一国际法国支部参加并领导了巴黎公社运动。但是随着巴黎公社的失败,第一国际也日渐衰弱,1876年正式宣布解散。

## 俄国二月革命

俄国二月革命是1917年3月8日于俄罗斯发生的民主革命，是俄国革命的序幕。其即时结果就是沙皇尼古拉二世被迫退位，俄罗斯帝国灭亡。二月革命结束了封建专制的统治，之后出现了两个政权并立的局面，即资产阶级临时政府和苏维埃政权。后又因为临时政府的措施不当，爆发了十月革命。以列宁为首的苏维埃政权控制了局面。二月革命为俄国无产阶级反对资产阶级、争取社会主义的斗争创造了有利的条件。发生在第一次世界大战期间的二月革命的胜利，促进了欧洲各国被压迫人民和被压迫民族反对帝国主义战争、反对本国反动政府、争取民主权利和民族解放的革命运动的高涨。

## 法国1789年的资产阶级大革命

法国大革命，又称法国1789年的资产阶级大革命，是1789年在法国爆发的资产阶级革命，法国的政治体制在大革命期间发生了史诗性的转变：统治法国多个世纪的绝对君主制与封建制度在三年内土崩瓦解，过去的封建贵族和宗教特权不断受到自由主义政治组织和平民的冲击，传统观念逐渐被全新的天赋人权、三权分立等民主思想代替。

法国大革命始于1789年5月的三级会议。革命的头一年，第三等级的革命民众在6月发表了《网球场宣言》，7月攻占了巴士底狱，8月凡尔赛妇女运动迫使法国王室在10月返回巴黎。之后几年不断出现自由集会和保守的君主制度改革。1792年9月22日，法兰西第一共和国成立，路易十六在次年被推上了断头台。不断出现的外部压力实际上在法国革命中起到了主导作用，法国革命战争从1792年开始，取得了一个世纪以来法国未曾取得的胜利，并使法国间接控制了意大利半岛和莱茵河以西的领土。在国内，派系斗争及民众情绪的日益高涨导致了1793年至1794年恐怖统治的产生。罗伯斯庇尔和雅各宾派倒台以后，督政府于1795年掌权，直到1799年拿破仑上台后结束。

关于法国大革命的结束时间尚存争议，正统观点认为1799年的雾月政变为革命终结的标志；另有观点认为1794年7月雅各宾派统治的结束为革命的终结；还有观点认为1830年七月王朝建立是革命终结的标志。

现代社会在法国革命中拉开帷幕，共和国的成长、自由民主思想的传播、现代思想的发展以及国家之间大规模战争的出现都是此次革命的标志性产物。在作为近代一场伟大的民主革命而受到赞扬的同时，法国大革命也因其间所出现的一些暴力专政行为而为人诟病。革命随后导致了拿破仑战争、两次君主制复辟以及两次法国革命。接下来直至1870年，法国在两次共和国政府、君主立宪制政府及帝国政府下交替管治。

历史学家、《旧制度与大革命》的作者托克维尔则认为，

1789年法国革命是迄今为止最伟大、最激烈的革命，代表法国的"青春、热情、自豪、慷慨、真诚的年代"。

## 封建主义

封建主义包括三个方面：一是指封建专制制度，包括政治、经济制度在内的整个社会制度；二是指意识形态；三是指以封建主义思想为指导，为建立或复辟封建专制制度而进行的活动。三者之间相互联系又相互区别，不能等同和混淆。也可以说，封建主义在经济上代表的是地方保护主义和部门主义；在政治上代表的是专制主义和宗法制度；在思想上代表的是纲常伦理、宗法意识和社会生活中的各种落后、愚昧现象、迷信思想和活动。包括制度、活动、思想三方面含义的封建主义，才能称之为完整意义上的封建主义。

## 个体经济

以生产资料个体所有和个体劳动为基础的经济。如小农经济、小手工业经济、个体商业等。原始社会解体时产生，存在于奴隶社会、封建社会、资本主义社会和社会主义社会，但从来没有成为独立的社会经济形态，而总是从属于占统治地位的经济。具有规模小、经营分散、经济不稳定等特点。在我国，经过社会主义改造，绝大部分个体经济已经转变为社会主义集体经济。但在社会主义国营经济和集体经济占绝对优势的前提下，在法律规定的范围内允许个体经济存在，作为社会主义公有制经济的补充。

## 工农联盟

工人阶级和农民在无产阶级政党领导下的革命联合。工人和农民的联盟是取得民主革命和社会主义革命的胜利，建设社会主义和实现共产主义的必要条件。人民民主专政的基础是工人阶级、农民阶级和城市小资产阶级的联盟，其中主要是工人和农民的联盟。我国的工农联盟是在中国共产党领导下，在长期的革命斗争中建立和巩固起来的，已经经历了两个阶段：第一阶段建立在土地改革的基础上；第二阶段建立在农业合作化的基础上。在四个现代化建设时期，工农联盟有了新的发展。巩固与发展工农联盟，是我国制定经济政策和社会政策的重要依据。

## 工业革命

工业革命，又称产业革命，是指资本主义工业化的早期历程，即资本主义生产完成了从工场手工业向机器大工业过渡的阶段。工业革命是以机器取代人力，以大规模工厂化生产取代个体工场手工生产的一场生产与科技革命。由于机器的发明及运用成为了这个时代的标志，因此，历史学家称这个时代为"机器时代"。

有人认为工业革命在1759年左右已经开始，但直到1830年，它还没有真正蓬勃地展开。大多数观点认为，工业革命发源于英格兰中部地区。1769年，英国人瓦特改良蒸汽机之后，由一系列技术革命引起了从手工劳动向动力机器生产转变的重大飞跃。随后自英格兰扩散到整个欧洲大陆，19世纪传播到北美地区。一般认为，蒸汽机、煤、铁和钢是促成工业革命技术加速发展的四项主要因素。在瓦特改良蒸汽机之前，整个生产所需动力依靠人力和畜力。伴随蒸汽机的发明和改进，工厂不再依河或溪流而建，很多以前依赖人力与手工完成的工作自蒸汽机发明后被机械化生产取代。

工业革命是一般的政治革命不可比拟的巨大变革，其影响涉及人类社会生活的各个方面，使人类社会发生了巨大的变革，对人类的现代化进程的推动起到了不可替代的作用，把人类推向了崭新的蒸汽时代。

## 供销合作社

供销合作社，简称供销社。由农民集资并在国家大力扶持下组织起来的集体所有的合作商业，是我国农村社会主义商业的一种形式。它的主要任务是收购和推销农副产品，组织农民开展多种经营，对农村供应农业生产资料和消费品。供销合作社一般按行政区划分，以乡建社，称为基层供销社，下设门市部和供销分店，县以上设有进行批发业务的各种专业公司。行政管理上，各县、省（自治区、直辖市）设立联合社，在中央，设中华全国供销合作总社。在统计上，供销合作社执行国家统计局和商业部联合制发的以社会商业为总体，以社会商业国内纯购进、社会商业国内纯销售、商品库存为主要内容的商品流转统计报表。

## 共产国际

共产国际，亦称"第三国际"，1919年3月2日至6日在列宁的领导下，在莫斯科召开了共产国际第一次代表大会。参加大会的有来自欧、亚、美洲21个国家的35个政党和团体的代表52人，通过了列宁起草的《共产国际宣言》、《共产国际行动纲领》等文件，宣告了共产国际的成立。共产国际在其存在的24年中，共召开过7次代表大会和13次执行委员会全会。共产国际在列宁领导期间，成绩比较显著。1924年1月，列宁去世后，共产国际出现了一些错误。总的来说，共产国际在宣传马克思列宁主义，团结各国无产阶级和被压迫民族，领导和推动无产阶级革命运动，促进亚非拉民族解放运动，反对帝国主义和法西斯主义，促进各国共产党的成长等方面起了重大的作用。

## 共产主义

共产主义是一种政治思想，主张消灭私有产权，并建立一个各尽所能、按需分配的生产资料公有制（进行集体生产）社会，而且是一个没有阶级制度、国家和政府的社会。在这一体系下，土地和资本财产为公共所有。其主张劳动的差别并不会导致占有和消费的任何不平等，并反对任何特权。在科学共产主义（马克思主义及其各流派）的理论中，它在发展上分两个阶段，初级阶段是社会主义，高级阶段是共产主义。通常所说的共产主义，指共产主义的高级阶段。

按照马克思主义理论（历史唯物主义），资本主义必将为共产主义所取代，这是不以人们的意志为转移的社会发展的历史规律。因随着工业革命后各种机械自动化生产所带来的高生产力，长期而言经济生产所需的人力将愈来愈少，在私有财产制度下绝大多数人将会失业，因此，社会若想继续和平发展就必须进入共产主义，将愈来愈少的工作量分配给各个工作的人，除了为兴趣而自愿长期工作的人之外，基本上多数人可减少许多工作时间就能维持日常生活。共产主义思想在实行上，需要人人有高度发达的集体主义精神，而这就要求社会生产力达到充分的发展和极度的发达。

## 共产主义社会

共产主义社会是一种社会形态，它是在生产资料公有制的条件下，在高度发达的社会生产力的基础上所实行的一种各尽其职、按需分配的劳动者自由联合的社会经济形态。

## 官僚资产阶级

官僚资产阶级,亦称"买办资产阶级",一般指殖民地半殖民地国家中与政府勾结在一起的直接为帝国主义服务并为帝国主义所豢养的大资产阶级。官僚资产阶级是半殖民地半封建的旧中国的统治阶级。它适应帝国主义商品倾销、资本输出和掠夺资源的需要,凭借政权力量,出卖国家主权和民族利益,对无产阶级和劳动人民进行残酷的剥削和压迫,是帝国主义统治中国的代理人。

## 国家资本主义

国家资本主义是无产阶级国家能够加以限制和规定其活动范围的资本主义。在中国既是把民族资本主义经济逐步改造成为社会主义国营经济的过渡形式,又是在全民所有制经济领导下,加速社会主义四个现代化建设的补充形式。

## 合作社经济

劳动群众为改变生活条件或生产条件而自愿建立的一种集体经济组织。主要形式有生产合作社、供销合作社、消费合作社、信用合作社等。在生产合作社中,劳动群众自愿入股,国家帮助贷款,劳动群众共同占有生产资料,互助合作,除少量收入实行按股分红外,基本实行按劳分配。它具有组织上的群众性、管理上的民主性和经营上的灵活性等特点，可以由劳动群众自愿集资建立，适合我国现阶段社会生产力的发展。

## 和平赎买

这是无产阶级夺取政权后，对资产阶级的生产资料通过和平方式并采取有偿办法实行国有化的政策。马克思、恩格斯、列宁都曾提出过在一定条件下对资本家进行赎买的思想。中国共产党从中国的国情出发，确定了对私人资本主义工商业实行和平赎买的政策，即通过国家资本主义方式，逐步把资本主义企业改造成社会主义企业。1953年，中华人民共和国正式提出对资本主义工商业进行社会主义改造过程中对利润分配的规定，也是对资本主义进行和平赎买的方法。和平赎买主要适用于国家资本主义的初、中级形式。目的是通过合作，达到将私营工商业引上国家资本主义的轨道。具体做法是私营企业每年的利润采取四分法（俗称"四马分肥"），即30%左右上交，作为国家所得税；10%—30%作为企业的公积金，用于扩大再生产；职工福利资金占5%—15%，用于举办职工福利事业和奖励生产上的先进职工；剩余的25%左右作为资本家的股息红利（包括董事、监事和经理及厂长的酬劳金）。赎买政策的实行，不但减少了资产阶级对社会主义改造的阻力，而且有利于逐步把资本家改造成为自食其力的劳动者。

## 环境友好型社会

环境友好型社会，就是全社会都采取有利于环境保护的生产方式、生活方式、消费方式，建立人与环境良性互动的关系。建设环境友好型社会，就是要以人与自然和谐相处为目标，以环境承载力为基础，以遵循自然规律为准则，以绿色科技为动力，倡导环境文化和生态文明，构建经济社会环境协调发展的社会体系，实现可持续发展。

十六届五中全会明确提出要建设资源节约型、环境友好型社会，是以胡锦涛为总书记的党中央紧密结合中国国情，借鉴国际先进发展理念，着力解决中国经济发展与资源环境矛盾的一项重大战略决策，对于全面落实科学发展观，不断提高资源环境保障能力，实现国民经济又快又好发展具有重要意义。

## 机会主义

机会主义，也称投机主义，指为了达到自己的目标不择手段的做法，突出的表现是不按规则办事，视规则为腐儒之论，其最高追求是实现自己的目标，以结果来衡量一切，而不重视过程。如果它有原则的话，那么它的最高原则就是成王败寇。机会主义也可指工人运动或无产阶级政党内部出现的违背马克思主义根本原则的思潮、路线。它是资产阶级或小资产阶级思想的反映。机会主义有两种表现形式：一种是右倾机会主义，另一种是"左"

倾机会主义。

## 甲午中日战争

甲午中日战争（1894—1895），新兴的帝国主义国家日本为实现其"侵韩征华"的狂妄计划而发动的侵华战争。清政府被迫签订了反映列强瓜分世界、资本输出的侵略要求的《马关条约》，使中国社会半殖民地半封建化的程度大大加深了。

## 价值

价值，泛指客体对于主体表现出来的积极意义和有用性。可视为是能够公正且适当反映商品、服务或金钱等值的总额。在经济学中，价值是商品的一个重要性质，它代表该商品在交换中能够交换得到其他商品的多少，价值通常通过货币来衡量，称为价格。这种观点中的价值，其实是交换价值的表现。

根据新古典主义经济学（目前比较流行的一种经济学理论），物体的价值就是该物体在一个开放和竞争的交易市场中的价格，因此，价值主要取决于对于该物体的需求，而不是供给。有些经济学者经常把价值等同于价格，不论该交易市场存在竞争与否。而古典经济学则认为价值和价格并不等同。按照马克思主义政治经济学的观点，价值就是凝结在商品中无差别的人类劳动，即商品价值。马克思还将价值分为使用价值（给予商品购买者的价值)和交换价值(使用价值交换的量)。

## 教条主义

教条主义是主观主义的一种表现形式,亦称本本主义。主要特点是从书本的个别定义、词句出发,不从实际出发。无产阶级革命队伍中的教条主义者,不把马克思列宁主义当作行动的指南,而是把它当作僵死的教条和不变的公式,到处生搬硬套。他们不愿做艰苦细致的调查研究工作,不肯动脑分析具体问题,反对理论和实践相结合,脱离实际,脱离群众。用这种思想方法指导工作,会给革命和建设事业带来严重危害。

## 阶级中的阶层

阶级中的阶层,通常指同一个阶级内,由于所处的经济地位不同而划分出的若干不同的层次。如根据生产资料的占有多寡不同,将资产阶级分为大资本家和中小资本家;旧中国是半殖民地半封建社会,资产阶级由于来源不同,依据对象不同,占有生产资料的方式不同,分为官僚资产阶级、买办资产阶级和民族资产阶级三个层次;土地改革时期,依据占有土地的多少和收入来源的不同,农民阶级曾被划分为雇农、贫农、下中农、中农、富裕中农几个层次。这些层次的划分有利于无产阶级更好地认识各阶级中的不同力量,进而采取不同的团结策略。知识分子是一个特殊的阶层，其阶级地位分属于它所服务的那个阶级。

## 解放思想

解放思想是指在马克思主义指导下打破习惯势力和主观偏见的束缚，研究新情况，解决新问题。解放思想就是使思想和实际相符合，使主观和客观相符合，就是实事求是。解放思想、实事求是是邓小平理论的哲学基础，它不是一个抽象空洞的哲学命题，而是以建设有中国特色社会主义和现代化建设为对象，是由实践到认识乃至理论的科学思想体系。解放思想不仅具有丰富的哲学理论性和文化思想性，更重要的是具有广泛的指导性和实践性。从实践到认识和从认识到实践的全过程，自始至终贯穿着马克思主义的立场、观点和方法。

## 经济危机

经济危机指的是一个或多个国家经济或整个世界经济在一段比较长的时间内不断收缩（即产生负的经济增长率）。

## 绝对剩余价值

绝对剩余价值指在必要劳动时间不变的条件下，通过绝对延长工作日，从而绝对延长剩余劳动时间生产出来的剩余价值。

## 科学发展观

科学发展观，是中共中央总书记胡锦涛在2003年7月28日的讲话中提出的"坚持以人为本，树立全面、协调、可持续的发展观，促进经济社会和人的全面发展"，按照"统筹城乡发展、统筹区域发展、统筹经济社会发展、统筹人与自然和谐发展、统筹国内发展和对外开放"的要求推进各项事业的改革和发展的一种方法论，也是中国共产党的重大战略思想。在中国共产党第十七次全国代表大会上写入党章，成为中国共产党的指导思想之一。

## 科学社会主义

科学社会主义是与空想社会主义相对而言的、关于社会主义的科学的理论体系、理论模型与实践模式。科学社会主义是人类一切文明成果的结晶。马克思、恩格斯运用辩证唯物主义的逻辑思维形式，在批判历代空想社会主义的基础上，以历史唯物主义的观点揭示和发现了人类社会发展的规律及当代资本主义经济运动的规律——剩余价值规律。马克思的这两个规律的发现使社会主义从空想变成了科学。科学社会主义是关于无产阶级解放斗争发展规律的科学，是一门政治科学，或者说是一门政治学。

## 可知论

可知论认为世界是可以为人所认识的，世界上只有尚未被认识的事物，不存在不能认识的事物。一切的唯物主义者都是可知论者，他们坚持物质第一性，意识第二性；彻底的唯心主义者也是可知论者，但他们坚持意识第一性，物质第二性。

## 空想社会主义

空想社会主义又称乌托邦社会主义，是产生于资本主义生产状况和阶级状况尚未成熟时期的一种社会主义学说，是现代社会主义思想来源之一。空想社会主义者相信在不久的将来可以建立理想的意识形态社会，并为之不懈努力奋斗。这种学说最早见于16世纪托马斯·莫尔的《乌托邦》一书，盛行于19世纪初期的西欧。空想社会主义者认为社会主义的理想社会应该建筑在人类的理性和正义的基础上，而这种社会至今还未出现，是由于人们不认识和不承认的缘故。他们觉得只要有天才掌握了这种思想，并推广开去，就能实现他们心中的理想社会。空想社会主义者反对资本主义，并认为资本主义的剥削制度是由于人类在道德和法律上犯了错误，背弃了人类的本性而产生的。

## 劳动对象

劳动对象指劳动本身所对应的客体，比如耕作的土地、纺织的棉花等。包括两大类：一是自然界的物质，即未经人类加工过的自然物，如矿藏；一是人类劳动加工过的，用作原材料的产品,如棉花、钢铁等。

## 劳动力

劳动力,即人的劳动能力,指蕴藏在人体中的脑力和体力的总和。物质资料生产过程是劳动力作用于生产资料的过程。离开劳动力,生产资料本身是不可能创造任何东西的。但是,在物质资料生产过程中,劳动力发挥作用,除了必须具备一定的生产经验和劳动技能或科学文化知识外,还必须具备一定量的生产资料,否则,物质资料生产过程也是不能进行的。劳动者在生产过程中运用自己的劳动力和生产工具,作用于劳动对象,既可以创造出物质财富,也可以不断提高自己的劳动技能。

## 里昂工人起义

里昂工人起义是指1831年和1834年法国里昂工人反对资本主义剥削压迫的两次武装起义,里昂工人起义推动了法国工人运动的发展,是法国无产阶级作为独立的政治力量登上历史舞台的重要标志之一。与"巴黎公社"、"英国宪章运动"并称"三大工人运动"。

## 历史唯物主义

历史唯物主义是马克思主义哲学的重要组成部分,也被称为

"唯物主义历史理论"或"唯物史观"。历史唯物主义为马克思和恩格斯所创立,以黑格尔的辩证法,结合费尔巴哈的唯物论,去解释人类历史演变的过程,并被列宁、毛泽东等人所发展,被认为是马克思主义的社会历史观和认识、改造社会的一般方法论。因其主要关注的是对历史规律的阐明,因而历史唯物主义可以归入历史哲学,具体地说是一种思辨的历史哲学。

历史唯物主义认为历史发展是客观的和有其特定规律的,其最基本的规律就是生产力决定生产关系,生产关系对生产力有反作用(可能促进或阻碍)。伴随着生产力的发展,人类社会会历经原始社会、奴隶社会、封建社会、资本主义社会、社会主义社会,最终走向共产主义社会。

## 马克思列宁主义

马克思列宁主义是马克思主义和列宁主义的统称。马克思主义是对马克思和恩格斯的观点和学说的总体称谓,是无产阶级及其政党的十分严整而彻底的世界观,是无产阶级开展解放运动的理论指导,是无产阶级根本利益的科学表现。列宁主义是帝国主义和无产阶级革命时代的马克思主义,是由列宁和他的战友在参加和领导俄国和国际工人运动的实践活动中,在同第二国际机会主义作斗争中,总结无产阶级新的历史经验和科学发展的新成果而形成的。它使无产阶级专政成为现实,使社会主义从科学的理论变成现实的社会制度。

## 马克思主义

马克思主义是马克思、恩格斯在19世纪工人运动实践基础上创立的理论体系。马克思主义主要以唯物主义角度编写而成。马克思主义理论体系包括三部分，即马克思主义哲学、马克思主义政治经济学、科学社会主义，分别是马克思、恩格斯受德国古典哲学、英国古典政治经济学、法国空想社会主义影响，并在此基础上创立的。马克思主义作为内涵丰富、外延无限的一整套严密的思想体系，我们可以从不同方面对其进行不同的定义。马克思主义从它的创造者、继承人的认识成果上讲，可以定义为：马克思主义是马克思、恩格斯创建的马克思主义者不断加以丰富发展的观点和学说的体系；从它的阶级属性讲，可以定义为：马克思主义是关于无产阶级和人类解放的科学，尤其是关于无产阶级斗争的性质、目的和条件的学说；从它的研究对象讲，可以定义为：马克思主义是一个内容极其丰富的、宏伟的、科学的理论体系，是关于自然、社会和思维发展普遍规律的学说，特别是关于资本主义发展和转变为社会主义，以及社会主义和共产主义发展普遍规律的学说。

## 马克思主义哲学

马克思主义哲学是关于自然、社会和思维发展的一般规律的科学，是唯物论和辩证法的统一，是唯物论自然观和历史观的统一。它是在继承和发展了德国的古典哲学，英国的古典政治经济学，英国、法国的空想社会主义下形成的马克思主义的三个组成部分之一。马克思主义哲学的主要理论来源是辩证法和唯物论，辩证唯物主义和历史唯物主义是马克思主义哲学的两大组成部分，实践概念是它的基础。

## 马克思主义政治经济学

马克思主义政治经济学，是马克思主义的重要组成部分。它既是我们从理论高度认识和研究资本主义的经济科学，也是我们进行社会主义经济建设和改革开放的理论指导。马克思主义政治经济学，首先包括马克思创建的政治经济学的基本原理和方法，也包括后来由列宁、毛泽东、邓小平和党中央发展了的经济思想与理论，还包括经济学界以马克思主义为指导研究当代资本主义和社会主义所取得的有关成果。马克思主义政治经济学的基本观点主要包括在马克思的重要著作《资本论》中，在《资本论》中，马克思研究了资本主义经济学的理论和英国历年的经济统计资料，对资本主义经济学理论进行了分析和批判。

## 毛泽东思想

毛泽东思想是马克思列宁主义普遍原理和中国革命具体实

践相结合的产物。它是以毛泽东同志为主要代表的中国共产党人运用马克思主义的立场、观点和方法,把中国长期革命和建设实践中的一系列独创性经验作了理论概括而形成的适合中国情况的科学的指导思想。它是马克思列宁主义在中国的运用和发展,是被实践证明了的适合中国革命和建设的正确的理论原则和经验总结,是中国共产党集体智慧的结晶。

## 孟什维克

孟什维克(俄文音译,意为少数派)是俄国社会民主工党中的一个派别。孟什维克由马尔托夫领导,主张信任群众行动的自发性,涵盖所有无产阶级民众的所有行动。1903年召开俄国社会民主工党第二次代表大会期间,以列宁为首的马克思主义者同马尔托夫等人在制定党章时发生尖锐分歧。大会在选举中央领导机关成员时,拥护列宁的人得多数票,称布尔什维克(意为多数派),马尔托夫等得少数票,称孟什维克。会后,孟什维克发展成为俄国社会民主工党内主要的右倾机会主义派别,其观点称为孟什维主义。

## 民族资产阶级

民族资产阶级是中国共产党在其阶级斗争的理论中创造出来的一个概念,指的是半殖民地半封建社会下,自身的经济发展与外国资本主义没有太多联系,资本相对于官僚资产阶级或买办资产阶级势力较弱的一类资产阶级团体。中华人民共和国国旗的其中一颗小星就代表着"民族资产阶级"。

## 南昌起义

1927年4月和7月,国民党蒋介石集团和汪精卫集团,先后在上海和武汉发动反革命政变,国共合作的大革命遭到失败。为挽救中国革命,中共中央决定举行武装起义。8月1日,周恩来、贺龙、叶挺、朱德、刘伯承等领导国民革命军2万余人在南昌起义,汪精卫急令张发奎、朱培德等部向南昌进攻。8月3日起,起义军分批撤出南昌,向广东进发,沿途多次打破国民党军的阻截,于9月下旬到达广东潮州、汕头。10月初,起义军进攻汤坑失利,部队大部分被打散。剩余部队一部分加入海陆丰地区的革命军队,一部分在朱德、陈毅率领下,转战闽粤赣湘边,最后保存下来的起义军约800人,参加了湘南起义,并于1928年4月到达井冈山革命根据地,同毛泽东领导的湘赣边界秋收起义部队会合。南昌起义打响了武装反抗国民党反动派的第一枪,标志着中国共产党独立地创造革命军队和领导革命战争的开始,8月1日也成了中国人民解放军的建军节。

## 农业生产合作社

农业生产合作社,亦称"农业合作社",简称"农业社",

是新中国农民为共同发展农业生产，自愿联合组成的社会主义集体经济组织。我国的农业生产合作社，一般是在农业合作化运动中，以带有社会主义萌芽性质的农业生产互助组为基础而建立起来的。按照集体化程度的不同，可分为半社会主义性质的初级农业生产合作社和完全社会主义性质的高级农业生产合作社两种形式。

## 人民代表大会制度

人民代表大会制度，简称人大或人代会，是中华人民共和国的根本政治制度，是代表中国人民行使国家权力的国家机关，是中国人民民主专政政权的组织形式，是社会主义上层建筑的重要组成部分。人民代表大会制度是在中国共产党领导下，中国人民在长期革命斗争中创造和发展起来的。它既借鉴了巴黎公社"议行合一"的原则和苏维埃政权建设的经验，又是对革命根据地政权建设工作的经验总结。

## 人民民主专政

人民民主专政是在《中华人民共和国宪法》中使用的一个概念，由毛泽东提出，毛泽东说，"人民民主专政"即"人民民主独裁"。毛泽东对此的解释是："剥夺反动派的发言权，只让人民有发言权。"在这个概念当中，"专政"没有被当作贬义词使用，中国共产党视之为适合中国特殊国情的政治架构形式。这是因为中国共产党和中华人民共和国始终代表最广大人民的根本利益,可以使用专制的方法来对待敌对势力以维持人民民主政权。中国共产党领导的人民民主政权在人民内部实行民主,逐步扩大社会主义民主,发展社会主义民主政治;对境内外敌对势力和犯罪分子实行专政。

## 人民群众

人民群众是共产党及马克思主义论述中常使用的基本概念,主要指阶级社会中从事生产的劳动群众和劳动知识分子的主体性角色。然而,人民群众是个具体的、历史的概念。它的具体性在于有质和量的规定性。从质的规定性上看,是指对历史发展起推动作用的一切人,但在不同的历史时期,其表现不同。人民群众概念所包含的内容和范围,是由革命的对象和任务所决定的,在社会发展的不同历史时期,随着革命对象和任务的变化而具有不同的内容,所以又说它是一个历史的概念。例如,在我国抗日战争时期,民族矛盾上升为主要矛盾,革命的对象和任务是把日本帝国主义赶出中国去。这时,一切抗日的阶级、阶层和社会集团都属于人民的范畴;汉奸、亲日派则是人民的敌人。在解放战争时期,美帝国主义和它的走狗即官僚资产阶级、地主阶级以及代表这些阶级的国民党反动派,都是人民的敌人;而一切反对这些敌人的阶级、阶层和社会集团,都属于人民。从量的规定性上看，人民群众是指一个社会的基本群众，是多数。不管历史情况发生怎样的变化，人民群众的主体和稳定部分，始终是从事物质资料生产的劳动群众和不剥削他人的脑力劳动者。

## 人文主义

人文主义是在文艺复兴时期新兴资产阶级反封建反教会斗争中形成的思想体系、世界观或思想武器，也是这一时期资产阶级进步文学的中心思想。它主张一切以人为本，反对神的权威，把人从中世纪的神学枷锁下解放出来。人文主义宣扬个性解放，追求现实人生幸福；追求自由平等，反对等级观念；崇尚理性，反对蒙昧。

## 日本侵华战争

日本侵华战争（1931—1945），是近代持续时间最长的侵华战争，是20世纪上半叶日本发动的第二次侵华战争，给中国人民带来了沉重的灾难。而为了抵抗日本的侵略，国共两党合作抗日，取得了近百年来中国人民第一次反帝斗争的完全胜利。

## 三湾改编

1927年湘赣边界秋收起义后，毛泽东率起义部队到达江西永新县三湾村。毛泽东在三湾村主持召开前委会议并对部队进行整编，由于部队减员较多，剩下的不满千人，因此把原来一个师缩编为一个团，称工农革命军第一军第一师第一团，在军队中建立党的各级组织，营团建党委，连设支部，连以上各级均设党代表，班设党小组，全军由毛泽东任书记的前委领导。这次改编还确立了军队内的民主制度。三湾改编在人民军队的建军史上具有重要意义，确立了党对军队的绝对领导，保证了军队的无产阶级性质。三湾改编所确立的"党指挥枪"的原则，从政治和组织上奠定了新型人民军队的基础。

## 商品

商品是一种用于满足购买者欲望和需求的产品。狭义概念中的商品是一种有形的物质产品，区别于无形的服务。就其本身而论，商品能以有形的方式交付给购买者，并且它的所有权也一并由销售者转移给了顾客。例如，苹果是有形的商品，相对而言，理发则是一种无形的服务。

## 社会必要劳动时间

社会必要劳动时间是与"个别劳动时间"相对而言的，指在现有的社会正常的生产条件下，在社会平均的劳动熟练程度和劳动强度下制造某种使用价值所需要的劳动时间。这里的"现有的社会正常的生产条件"是指现时某生产部门的平均生产条件，或大多数商品生产者所具有的生产条件，其中最主要是劳动工具的状况；这里的"平均的劳动熟练程度和劳动强度"是指中等水平或部门的平均劳动熟练程度和劳动强度。如生产一件上衣，各个商品生产者由于设备、技术熟练程度等差别，个别劳动时间从2小时到4小时不等，但一般用3小时的劳动就能生产出来，这3小时就是生产上衣的社会必要劳动时间，它随社会劳动生产率的提高而减少。另外，马克思在分析社会生产各部门之间按比例分配社会总劳动的必要性时，提出另一个意义上的社会必要劳动时间，是指满足社会对某种产品的需要而必须分配到某一部门去的那部分社会劳动时间，如社会需要10万双鞋，每双鞋需平均耗费社会劳动时间1小时，则生产鞋所需的社会必要劳动时间为10万小时。

## 社会主义

社会主义是一套经济体系和政治理论，主张或提倡公共或以整个社会作为整体，来拥有和控制生产资料（产品、资本、土地、资产等），其管理和分配基于公众利益。其提倡由集体或政府拥有与管理生产工具，分配物资。社会主义分为了诸多流派，从建立合作经济管理结构到废除等级制度以至于自由联合。作为一项政治运动，社会主义的政治哲学主张从改良主义到革命社会主义均有分布。如国家社会主义主张通过推动生产、分配和交换全方位的国有化来实现社会主义；自由社会主义倡导工人传统地控制生产方式，反对国家权力来进行管理；民主社会主义则通过民主化进程来寻求建立社会主义。

现代社会主义理论始于18世纪知识分子与工人阶级发起的批评工业化与私有财产对社会影响的政治运动。早期的空想社会主义者，诸如罗伯特·欧文曾试图建立一个自给自足并脱离资本主义社会的公社；而圣西门则创造了名词socialisme，提倡技术官僚与计划工业的应用。马克思和恩格斯共同设计创造了一个理想的社会制度，通过除去导致不合格与周期性生产过剩的无政府主义和资本主义生产，来允许广泛应用现代科技，从而将经济活动合理化。在19世纪初期，社会主义还只是表明关注社会问题；到了19世纪末期，社会主义已经成为了建立基于社会共有的新体制的推动力，并站到了资本主义的对立面。

## 社会主义工业化

社会主义工业化就是原来经济比较落后的社会主义国家建立强大的现代工业，变落后的农业国为先进的工业国的过程。在我国，实现社会主义工业化，要求建成一个基本上完整的工业体系，使工业生产在社会生产中占主要地位，只有实现社会主义工业化，才能以先进的技术装备农业和国民经济各部门，迅速发展社会生产力，巩固和发展社会主义生产关系，建立独立的国民经济体系和强大的国防，壮大工人阶级力量，巩固工农联盟，加强人民民主专政。

## 社会主义和谐社会

社会主义和谐社会是人类孜孜以求的一种美好社会，是马克思主义政党不懈追求的一种社会理想。中外历史上都产生过不少有关和谐社会的思想。进入21世纪后，中共十六大和十六届三中全会、四中全会，从全面建设小康社会、开创中国特色社会主义事业新局面的全局出发，明确提出构建社会主义和谐社会的战略任务，并将其作为加强党的执政能力建设的重要内容。中共十六大报告第一次将"社会更加和谐"作为重要目标提出。中共十六届四中全会，进一步提出构建社会主义和谐社会的任务。根据马克思主义基本原理和中国社会主义建设的实践经验，根据新世纪新阶段中国经济社会发展的新要求和中国社会出现的新趋势、新特点，我们所要建设的社会主义和谐社会，应该是民主法治、公平正义、诚信友爱、充满活力、安定有序、人与自然和谐相处的社会。

## 社会主义核心价值体系

社会主义核心价值体系，其基本内容包括马克思主义指导思想、中国特色社会主义共同理想、以爱国主义为核心的民族精神和以改革创新为核心的时代精神、社会主义荣辱观。

## 社会主义精神文明

社会主义精神文明是中国共产党在新时期提出的一个马克思主义的新概念。邓小平同志高度重视精神文明建设，并把精神文明建设看作社会主义社会的重要特征之一。以邓小平同志为代表的当代中国共产党人，在改革开放和现代化建设过程中，创建了社会主义精神建设理论。这一理论集中体现在邓小平同志的一系列重要论述和党中央的一系列重要文献中，党的十二届六中全会上通过的《中共中央关于社会主义精神文明建设指导方针的决议》体现得尤其明显。

## 社会主义社会

社会主义社会，是一种社会形态，指用马克思主义理论指导，重视社会福利，采用财产公有制的，通常是共产主义政党专政、工人阶级领导的社会。按照马克思主义理论，社会主义社会是资本主义社会向共产主义社会的过渡性社会形态。

## 社会主义文化

社会主义文化是以科学发展为主题，以建设社会主义核心价值体系为根本任务，以满足人民精神文化需求为出发点和落脚点，以改革创新为动力，发展面向现代化、面向世界、面向未来的，民族的科学的大众的社会主义文化。

## 生产关系

生产关系是指在物质生产过程中形成的人们之间的社会关系，它集中体现了人们之间的物质利益关系。生产关系的内容包括人们在一定的生产资料所有制基础上形成的、在社会生产总过程中发生的生产、分配、交换和消费的关系。

## 生产力

生产力，又称"社会生产力"，是人们征服自然、改造自然、获得物质资料的能力。生产力和生产关系是社会生产不可分割的两个方面。生产力包括劳动者、劳动资料和劳动对象三大要素。

## 生产资料

生产资料，也称作生产手段，是马克思主义理论家认定的生产力三要素之一。生产资料主要指劳动者进行生产时所需要使用的资源和工具。一般包括土地、厂房、机器设备、工具、原料，等等。生产资料是生产过程中的劳动资料和劳动对象的总和，它是任何社会进行物质生产所必备的物质条件。

## 剩余价值

根据马克思主义理论，剩余价值是指从劳动者的劳动价值中剥削出来的利润（劳动价值和工资之间的差异），即"劳动者创造的被资产阶级无偿占有的劳动"。剩余价值概念是马克思主义政治经济学的核心概念,马克思主义政治经济学认为资本主义生产的实质就是剩余价值的生产,剩余价值规律是资本主义的基本经济规律,它决定着资本主义的一切主要方面和矛盾发展的全部过程,决定着资本主义生产的高涨和危机,决定着资本主义的发展和灭亡。

## 十月革命

十月革命(又称布尔什维克革命、俄国共产革命等),是1917年俄国革命经历了二月革命后的第二个阶段。十月革命发生于1917年11月7日(俄历10月25日)。前苏联、中国等社会主义国家及组织普遍认为,十月革命是经列宁和托洛茨基领导下的布尔什维克领导的武装起义,建立了人类历史上第二个无产阶级政权(第一个是巴黎公社无产阶级政权)和由马克思主义政党领导的第一个社会主义国家——苏维埃俄国。革命推翻了以克伦斯基为领导的资产阶级俄国临时政府,为1918年—1920年俄国内战和1922年苏联成立奠定了基础。

## 实事求是

实事求是出自《汉书·河间献王刘德传》的"修学好古,实事求是"一句。毛泽东在《改造我们的学习》一文中,对这一古语作了新的解释,他说:"'实事'就是客观存在着的一切事物,'是'就是客观事物的内部联系,即规律性,'求'就是我们去研究。我们要从国内外、省内外、县内外、区内外的实际情况出发,从其中引出其固有的而不是臆造的规律性,即找出周围事物的内部联系,作为我们行动的向导。而要这样做,就须不凭主观想象,不凭一时的热情,不凭死的书本,而凭客观存在的事实,详细地占有材料,在马克思列宁主义一般原理的指导下,从这些材料中引出正确的结论。"

## 使用价值

使用价值,是一切商品都具有的共同属性之一。任何物品要想成为商品都必须具有可供人类使用的价值;反之,毫无使用价值的物品是不会成为商品的,使用价值是物品的自然属性。马克思主义政治经济学认为,使用价值是由具体劳动创造的,并且具有质的不可比较性。比如,人们不能说橡胶和香蕉哪一个使用价值更高。使用价值是价值的物质基础,和价值一起,构成了商品二重性。

## 世界观

世界观,也叫宇宙观,是哲学的朴素形态。世界观是人们对整个世界的总的看法和根本观点。由于人们的社会地位不同,观察问题的角度也不同,因而形成不同的世界观。哲学是世界观的理论表现形式。世界观的基本问题是精神和物质、思维和存在的关系问题,根据对这两者关系的不同回答,划分为两种根本对立的世界观基本类型,即唯心主义世界观和唯物主义世界观。

## 私有制

私有制,也叫所有制,是相对于公有制的经济制度,是在这种制度下进行的生产资料个人或集体的排他性占有。私有制是剥削社会(以奴隶社会、封建社会、资本主义、特权主义和专制社会为代表)的基本标志之一。

## 思想路线

思想路线就是认识问题、解决问题所遵循的方向、道路及基本方法。党的思想路线是指导政党实践活动的思维方式和原则。一定的思想路线是以一定的世界观和方法论为理论依据的。

## 四个现代化

四个现代化,即工业现代化、农业现代化、国防现代化、科学技术现代化。1954年召开的第一届全国人民代表大会,第一次明确地提出要实现工业、农业、交通运输业和国防的四个现代化的任务,1956年又一次把这一任务列入党的八大所通过的党章中。1964年12月第三届全国人民代表大会第一次会议上,中华人民共和国国务院总理周恩来根据中国共产党中央委员会主席毛泽东的建议，在代表中华人民共和国国务院向第三届全国人民代表大会所作的《政府工作报告》中首次提出，在20世纪内，把中国建设成为一个具有现代农业、现代工业、现代国防和现代科学技术的社会主义强国，并宣布了实现"四个现代化"目标的"两步走"设想。

## 四人帮

四人帮指王洪文、张春桥、江青、姚文元四人在文化大革命期间所结成的帮派。"四人帮"这一称谓最先由毛泽东于1974年1月初在对江青等人借"批林批孔"之机把矛头指向周恩来的批评中提出。"四人帮"成员早期是中央文革小组的重要成员，后全部进入中央政治局，并担任极其重要的职位。

## 统筹兼顾

统筹兼顾，就是要求我们在工作中要做到总揽全局、协调各方、统筹谋划、兼顾全面，充分调动一切积极因素，妥善处理各种利益关系，着力加强经济社会发展的薄弱环节。

## 万隆会议

万隆会议，又称第一次亚非会议，召开于1955年4月18日—4

月24日,是部分亚洲和非洲的第三世界国家在印度尼西亚万隆召开的国际会议,也是亚非国家第一次在没有殖民国家参加的情况下讨论亚非事务的大型国际会议。万隆会议的主要目的是促进亚非国家之间的经济文化交流,并共同抵制美国与苏联的殖民主义和新殖民主义活动。以周恩来总理为首的中国代表团,坚持"求同存异"的方针,开展了卓有成效的工作,推动会议在和平共处五项原则基础上达成了"万隆十项原则",作出了历史性贡献。

## 唯物主义

唯物主义即唯物论,是一种哲学理论,肯定世界的基本组成为物质,物质形式与过程是我们认识世界的主要途径,持着"只有事实上的物质才是真实存在的实体"这一种观点,并且被认为是物理主义的一种形式。该理论的基础是,所有的实体(和概念)都是物质的一种构成或者表达,并且,所有的现象(包括意识)都是物质相互作用的结果,在意识与物质之间,物质决定了意识,而意识则是客观世界在人脑中的生理反应,也就是有机物出于对物质的反应。因此,物质是唯一事实上存在的实体。作为对现实世界的一种解释,唯物主义是唯心主义和心灵主义的一个对立面。

唯物主义有机械唯物主义和辩证唯物主义的区别,机械唯物主义认为物质世界是由各个个体组成的,如同各种机械零件组成一个大机器，不会变化；辩证唯物主义认为物质世界永远处于运动与变化之中，是互相影响、互相关联的。机械唯物论的代表人物是费尔巴哈，辩证唯物论的代表人物是马克思、恩格斯和列宁。

## 唯心主义

唯心主义即唯心论，又译作理念论、观念论，是哲学中对思想、心灵、语言及事物等彼此之间关系的讨论及看法。唯心论秉持世界或现实如同精神或意识，都是根本的存在。唯心论直接相对于唯物论，后者认为世界的基本成分为物质，我们对世界的认识主要是通过物质，并将其视为一种物质形式与过程。唯心论同时也反对现实主义的哲学观，后者认为在人类的认知中，我们对物体的理解与感知，与物体独立于我们心灵之外的实际存在是一致的。

马克思主义哲学则认为唯心论是哲学上的两大基本派别之一，是与唯物论对立的理论体系。唯心论在哲学基本问题上主张精神、意识的第一性，物质的第二性，也就是说，唯心论主张物质依赖意识而存在，物质是意识的产物的哲学派别，并认为可以区分为主观唯心论和客观唯心论两种基本类型。

## 文化大革命

无产阶级文化大革命，通称文化大革命，简称文革，是中华人民共和国始于1966年的一场重大政治运动，被广泛认为是自1949年建国至今最动荡不安的灾难性阶段，常被冠以"十年动乱"、"十年浩劫"、"文化浩劫"。

文革的指导思想来源于斯大林在《联共(布)党史简明教程》中讲到同布哈林右倾机会主义分子作斗争时，引证了列宁1919年说过的一段话："消灭阶级要经过长期的、艰难的、顽强的阶级斗争。在推翻资产阶级政权以后，在破坏资产阶级国家以后，在建立无产阶级专政以后，阶级斗争并不是消失，而只是改变它的形式，在许多方面变得更加残酷。"毛泽东认为苏联的党和国家的领导被以赫鲁晓夫为首的修正主义者篡夺了。据此毛泽东提出的所谓"四个存在"理论，即"社会主义社会是一个相当长的历史阶段，在这个历史阶段中，始终存在着阶级、阶级矛盾和阶级斗争，存在着社会主义同资本主义两条道路的斗争，存在着资本主义复辟的危险性，存在着帝国主义和社会帝国主义进行颠覆和侵略的威胁。"在此基础上，毛泽东发展出在"无产阶级专政下继续革命的理论"。

文革自1966年5月16日开始，结束于1976年10月四人帮被粉碎。在1977年中共十一大上，中共中央主席华国锋正式宣布"文化大革命"结束。

文化大革命的指导思想和活动性质均在中国共产党第十一届六中全会于1981年6月27日一致通过的《关于建国以来党的若干

历史问题的决议》中被正式否定，决议认为毛泽东应负上主要责任。该决议的正式表述是："'文化大革命'是一场由领导者错误发动，被反革命集团利用，给党、国家和各族人民带来严重灾难的内乱。"

## 无产阶级

根据马克思主义理论，无产阶级一词指不拥有生产资本，单纯靠出卖劳动力获取收入的劳动者。马克思主义理论把无产阶级划分为普通无产阶级和下层无产阶级。在实际使用的含义中，近似地等同于近代以来出现的，主要受雇于资本家，依靠雇佣工资生活的工人群体。在马克思的理论中，无产阶级是被资产阶级通过剥削其生产价值和工资之间的差异（剩余价值）以获得利润的对象，因此，其大多在生存水平线上挣扎，教育相对落后(除非有极佳的社会福利)，直到难以生存时，便容易铤而走险，当人数够多时，便会起身革命，尝试推翻现有政府及资本家。在社会主义社会，工人阶级已摆脱了被剥削、被压迫的地位，成为掌握国家政权的领导阶级。

## 五四运动

五四运动发生于1919年5月4日，是一场发生于中国北京、以青年学生为主的学生运动，以及包括广大群众、市民、工商界人士等中下阶层广泛参与的一次示威游行、请愿、罢课、罢工、暴力对抗政府等多形式的爱国运动。事件起因在第一次世界大战完结后举行的巴黎和会中，列强肆意践踏中国主权，把德国在山东的权益转让给日本，即山东问题。当时北洋政府未能捍卫国家利益，在列强面前显得软弱，国人异常不满，从而上街游行表达不满。以学生斗争为先导的五四爱国运动由此爆发，运动迅速波及全国。6月3日起，运动的主力由学生转变为工人阶级，中国工人阶级开始以独立的姿态登上政治舞台，各地工人纷纷举行罢工抗议活动。五四运动是中国革命史上具有划时代意义的事件，标志着中国新民主主义革命的开端。

广义的五四运动则是指自1915年中日签订《二十一条》至1926年北伐战争之间，中国知识界和青年学生反思中国传统文化，追随"德先生"（民主）与"赛先生"（科学），探索强国之路的新文化运动的继续和发展。1924年4月19日，中国共产党中央局委员长陈独秀、秘书毛泽东联名发出通告，第一次要求各地党和团的组织开展"五一"、"五四"、"五五"、"五七"纪念和宣传活动，强调恢复国权运动、新文化运动，纪念五五（马克思诞辰），目的在于传播马克思主义。1939年八路军总政治部、中央青委发出《关于部队纪念"五四"青年节工作的指示》，明确指出中央青委决定每年5月4日为中国青年节。

## 五位一体

"五位一体"是十八大报告的"新提法"之一。经济建设、政治建设、文化建设、社会建设、生态文明建设——着眼于全面建成小康社会、实现社会主义现代化和中华民族伟大复兴,党的十八大报告对推进中国特色社会主义事业作出"五位一体"总体布局。

## 小资产阶级

小资产阶级,指占有一定的生产资料或有少量财产的私有者,一般指不受他人剥削,也不剥削别人(或仅有轻微剥削),主要靠自己劳动为生的个体劳动者阶级。它在资本主义社会里是非基本的阶级,亦称为中间等级,主要包括农民、小手工业者、小商人、小业主等。作为劳动者,在思想上倾向于无产阶级;作为私有者,又倾向于资产阶级,极易受资产阶级思想的影响。因此,在反对封建主义的斗争中既具有革命性,同时也存在政治上的动摇性、斗争中的软弱性和革命的不彻底性。随着资本主义的发展,他们不断地向两极分化,大部分破产沦落为无产阶级或半无产阶级,小部分发财上升为资产阶级。

## 新民主主义

新民主主义,是中共领导人毛泽东提出的关于殖民地半殖民地国家的无产阶级领导民主革命的理论,曾经是毛泽东思想的核心内容。毛泽东当时认为在实行共产主义之前，必须先经过新民主主义这一过渡性的阶段，这一理论在毛泽东的《新民主主义论》（1940年1月9日陕甘宁边区）一文中有充分论述。《新民主主义论》的发表，不仅标志着毛泽东创立了完整的新民主主义革命理论，而且创立了全新的新民主主义社会理论。2月20日毛泽东在延安各界宪政促进会成立大会上的《新民主主义的宪政》中否定"由一党一派一阶级来专政"。后来，他在《论联合政府》、《论人民民主专政》等著作中又做了进一步阐述和发挥，使其更加系统和完整。然而，1953年毛泽东执政后却猛烈批判"确立新民主主义社会秩序"，明确放弃新民主主义。

## 形而上（学）

形而上出自《易经·系辞》，原文为"形而上者谓之道，形而下者谓之器"。用现代的思维讲，形而下就是指具体的器物（可以拓展到感性的事物），形而上就是指比较抽象的规律（包含做人做事的原则）。形而上是精神方面的宏观范畴，用抽象（理性）思维，形而上者道理，起于学，行于理，止于道，故有形而上者谓之道；形而下是物质方面的微观范畴，用具体（感性）思维，形而下者器物，起于教，行于法，止于术，故有形而下者谓之器。

形而上学（metaphysics，意为"物理学之后"）是哲学术语，哲学史上指哲学中探究宇宙根本原理的部分。马克思认为形而上学是指与辩证法对立的，用孤立、静止、片面的观点观察世界的思维方式。黑格尔把形而上学作为与辩证法相对立的一种机械教条的研究方法来批判，因此，形而上学也可以被表述成为教条主义。

## 修正主义

"修正"一词的含义，来源于拉丁文，有"修改、重新审查"的意思。"修正主义"一词，是在共产主义运动中对马克思主义进行歪曲、篡改、否定的一类资产阶级思潮和政治势力，是国际工人运动中打着马克思主义旗号反对马克思主义的机会主义思潮。

## 鸦片战争

鸦片战争（1840—1842），英国为了把中国变为其殖民地而发动的侵华战争，清政府被迫签订了《南京条约》及其附件《黄埔条约》、《望厦条约》等中国近代第一批不平等条约，使中国历史发生了巨变，中国开始进入半殖民地半封建社会。

## 延安整风运动

延安整风运动，一般又称作延安整风、抢救运动、抢救失足者运动，是中国共产党自1942年2月开始在陕甘宁边区延安根据地所发动的一场政治和文化的运动，持续了约3年时间。所谓的整风是指"整顿三风",包括"反对主观主义以整顿学风,反对宗派主义以整顿党风,反对党八股以整顿文风"。整风运动的实行,使毛泽东在党中央的地位更为确立,也使共产党对于干部和党员的领导更为有力。

## 以人为本

以人为本是科学发展观的核心,回答了为谁发展、靠谁发展的问题,指明了我国经济社会发展的价值取向和依靠力量。我们提出以人为本的根本含义,就是坚持全心全意为人民服务,立党为公、执政为民,始终把最广大人民的根本利益作为党和国家工作的根本出发点和落脚点,坚持尊重社会发展规律与尊重人民历史主体地位的一致性,坚持为崇高理想奋斗与为最广大人民谋利益的一致性,坚持完成党的各项工作与实现人民利益的一致性,坚持保障人民利益与促进人的全面发展的一致性,坚持发展为了人民、发展依靠人民、发展成果由人民共享。

## 英国工人宪章运动

宪章运动是1838年到1848年发生在英国的一场普通劳动者要求社会政治改革的群众运动,是世界三大工人运动之一。列宁称之为"世界上第一场大规模的劳动阶级运动"。宪章运动的目的是,工人们要求取得普选权,以便有机会参与国家的管理。"普选权问题是饭碗问题",工人阶级希望通过政治变革来提高自己的经济地位。

## 中法战争

中法战争（1883—1885），法国以越南为跳板发动的对华侵略战争。由于清政府的腐败，在法国的逼迫下签订了《中法新约》，法国由此打开了中国西南的门户。

## 中国共产党全国代表大会

中国共产党全国代表大会是中国共产党的最高领导机关，在党内拥有最高决策权。《中国共产党章程》规定，每五年举行一次，由中央委员会负责筹办。中央委员会认为有必要，或者三分之一以上的省一级组织提出要求，全国代表大会可以提前举行，如无非常情况，不得延期举行。其职权是听取和审查中央委员会的报告；听取和审查中央纪律检查委员会的报告；讨论和决定党的重大问题；修改党章；选举中央委员会；选举中央纪律检查委员会。大会闭会期间，中央委员会执行全国代表大会的决议，领导党的全部工作，对外代表中国共产党。

## 中国特色社会主义共同理想

中国特色社会主义共同理想是社会主义核心价值体系的基本

内容的一部分。即坚定对中国共产党的信任，坚定走中国特色社会主义道路，坚定实现中华民族的伟大复兴。

## 资本主义

资本主义，也被称为自由市场经济或自由企业经济，其特色是个人或是企业拥有资本财产，且投资活动是由个人决策左右，而非由国家所控制，一般并没有准确之定义，不同的经济学家也对资本主义有不同的定义。一般而言，资本主义指的是一种经济学或经济社会学的制度，在这样的制度下绝大部分的生产资料都归私人所有，并借着雇佣或劳动的手段以生产资料创造利润。在这种制度里，商品和服务借由货币在自由市场里流通。投资的决定由私人进行，生产和销售主要由公司和工商业控制并互相竞争，依照各自的利益采取行动。

## 资产阶级

资产阶级是指占有社会生产资料并使用雇佣劳动的现代资本家阶级，其本质是以生产资料为手段无偿占有雇佣工人的劳动，是现代社会中的主要剥削阶级。

## 资源节约型社会

资源节约型社会是指在生产、流通、消费等领域，通过采取法律、经济和行政等综合性措施，提高资源利用效率，以最少的资源消耗获得最大的经济和社会收益，保障经济社会可持续发展。

## 自然经济

自然经济，也叫小农经济，是商品经济的对立面，是私有制经济的一种表现，是存在于市场范围比较小的一种经济形态，是社会生产力水平低下和社会分工不发达的产物。该种经济形态占统治地位的持续时间涵盖原始社会、封建社会以及早期的资本主义社会与半殖民地半封建社会。

## 宗派主义

宗派主义是指党内存在的一种以宗派利益为出发点的思想和行为，是封建宗派思想、资产阶级、小资产阶级思想在组织上的表现。主要表现为：在个人与党的关系上，把个人放在第一位，把党放在第二位，向党闹独立性；在组织上，任人唯亲，在同志中拉拉扯扯，把资产阶级的庸俗作风搬进党里来；在党内关系上，只强调局部利益，只要民主，不要集中，不遵守个人服从组织、少数服从多数、下级服从上级、全党服从中央的民主集中制原则，进行无原则的派别斗争；在和党外人士的关系上，妄自尊大，骄傲自满，不尊重人家，不学习人家的长处，不愿和人家合作等。

## 最低纲领、最高纲领

最低纲领通常指无产阶级政党在民主革命时期的奋斗目标。1922年中国共产党第二次全国代表大会制定的最低纲领是完成反帝反封建的民主革命。最高纲领通常指无产阶级政党的最终奋斗目标，即实现共产主义。

## 左倾、"左"倾、右倾

左倾是指政治上追求进步、同情劳动人民的倾向。

而带引号的"左"倾，则是政治思想上超越客观，脱离社会现实条件，陷入空想、盲动和冒险的倾向。所以，为了表示贬义，特在左字上添加了引号，即"左"倾，以区别于真正的左倾。在中国共产党的历史上，曾多次出现过"左"倾错误。新民主主义革命时期曾有三次：瞿秋白、李立三、王明的"左"倾冒险主义，甚至一度在党中央机关占据过统治地位。

右倾是指政治思想上，认识落后于实际，不能随变化了的客观情况变化、前进，甚至违背客观发展规律的倾向。右倾机会主义在政治斗争中往往放弃原则，牺牲无产阶级的根本利益而求得妥协，又叫右倾投降主义。

## 柏拉图

柏拉图（约前427—前347），古希腊伟大的哲学家，也是全部西方哲学乃至整个西方文化最伟大的哲学家和思想家之一。他和老师苏格拉底、学生亚里士多德并称为古希腊三大哲学家。柏拉图出身于雅典贵族家庭，青年时师从苏格拉底。苏格拉底死后，他游历四方，曾到埃及、北非、小亚细亚沿岸和意大利南部从事政治活动，企图实现他的贵族政治理想。公元前387年活动失败后，游历12年的柏拉图逃回雅典，在一所称为阿卡德米的体育馆附近建立了一所学园，此后执教40年，直至逝世。他一生著述颇丰，其教学思想主要集中在《理想国》和《法律篇》中。柏拉图是西方客观唯心主义的创始人，其哲学体系博大精深，对其教学思想影响尤甚。柏拉图认为世界由"理念世界"和"现象世界"所组成。理念的世界是真实的存在，永恒不变，而人类感官所接触到的这个现实的世界，只不过是理念世界的微弱的影子，它由现象所组成，而每种现象是因时空等因素而表现出暂时变动等特征。由此出发，柏拉图提出了一种理念论和回忆说的认识论，并将它作为其教学理论的哲学基础。

## 陈独秀

陈独秀（1879—1942），安徽怀宁人，思想家、政治人物，中国共产党的主要创建者之一及首任总书记。中国新文化运动的发起人，中国文化启蒙运动的先驱，创办了著名白话文刊物《新青年》，也是五四运动的精神领袖，中国共产主义运动的先行者，中国共产党创始人和早期领导人之一。他于1927年7月被共产国际剥夺中共党内领导职务。1929年因为在中东路事件中反对当时中共提出的"武装保卫苏联"的口号，被开除党籍。之后，陈独秀思想开始向托洛茨基靠近，对斯大林进行了批判，并于1931年成立中国托派组织。

## 但丁

但丁·阿利吉耶里（1265—1321），意大利中世纪诗人，现代意大利语的奠基者，欧洲文艺复兴时代的开拓人物，以史诗《神曲》留名后世。但丁被认为是意大利最伟大的诗人，也是西方最杰出的诗人之一，全世界最伟大的作家之一。恩格斯评价说："封建的中世纪的终结和现代资本主义纪元的开端，是以一位大人物为标志的，这位人物就是意大利人但丁，他是中世纪的最后一位诗人，同时又是新时代的最初一位诗人。"

## 邓小平

邓小平（1904—1997），本名邓希贤，参加革命后取名邓小平，1904年8月22日出生在中国西南最大的省——四川省的农村，是中国共产党第一代中央领导集体的重要成员和第二代中央领导集体的核心，是我国各族人民公认的享有崇高威望的杰出领导人。他在中国革命和建设的各个历史时期都作出了重大贡献，是杰出的马克思主义者和坚定的共产主义者，是中国改革开放和社会主义现代化建设的总设计师，是邓小平理论的主要创立者。

## 笛卡尔

勒内·笛卡尔（1596—1650），生于法国，逝世于瑞典斯德哥尔摩，是法国著名的哲学家、数学家、物理学家。他对现代数学的发展作出了重要的贡献，因将几何坐标体系公式化而被认为是解析几何之父。他还是西方现代哲学思想的奠基人，是近代唯物论的开拓者，并且提出了"普遍怀疑"的主张。他的哲学思想深深影响了之后的几代欧洲人，开拓了所谓的"欧陆理性主义"哲学。黑格尔称他为"现代哲学之父"。笛卡尔堪称17世纪欧洲哲学界和科学界最有影响的巨匠之一，被誉为"近代科学的始祖"。

## 恩格斯

弗里德里希·冯·恩格斯（1820—1895），德国思想家、哲学家、革命家，全世界无产阶级和劳动人民的伟大导师，马克思主义的创始人之一。恩格斯是卡尔·马克思的挚友，被誉为"第二提琴手"，他为马克思从事学术研究提供了大量经济上的支持。在马克思逝世后，将马克思的大量手稿、遗著整理出版，并且成为国际工人运动众望所归的领袖。

## 费尔巴哈

路德维希·安德列斯·费尔巴哈（1804—1872），德国哲学家。出生于拜恩州（巴伐利亚）下拜恩区的首府兰茨胡特，死于同一州的纽伦堡，他是德国法学家保罗·约翰·安塞姆里特·冯·费尔巴哈的第四个儿子。费尔巴哈对基督教的批判在社会上产生了很大影响，他的某些观点在德国教会和政府的斗争中被一些极端主义者接受。他对卡尔·马克思的影响也很大，虽然马克思并不赞同他观点中的机械论，马克思曾写过《费尔巴哈提纲》，批判他形而上学的唯物主义观点。费尔巴哈的主要著作有《黑格尔哲学批判》和《基督教的本质》等。

## 伏尔泰

伏尔泰（1694—1778），原名弗朗索瓦·马利·阿鲁埃，伏尔泰是他的笔名。法国启蒙时代思想家、哲学家、文学家，启蒙运动公认的领袖和导师。伏尔泰是18世纪法国资产阶级启蒙运动的旗手，被誉为"法兰西思想之王"、"法兰西最优秀的诗人"、"欧洲的良心"。他不仅在哲学上有卓越成就，也以捍卫公民自由，特别是信仰自由和司法公正而闻名。尽管在他所处的时代，审查制度十分严厉，伏尔泰仍然公开支持社会改革。他的论说以讽刺见长，常常抨击天主教教会的教条和当时的法国教育制度。伏尔泰的著作和思想与托马斯·霍布斯及约翰·洛克一道，对美国革命和法国大革命的主要思想家都有影响。

## 傅立叶

夏尔·傅立叶（1772—1837），法国著名哲学家，经济学家，空想社会主义者。出身于商人家庭的傅立叶批评当时资本主义社会的一些丑恶现象，希望建立一种以法伦斯泰尔为基层组织的社会主义社会，在这里个人利益和集体利益是一致的。他还揭露资本主义的罪恶，主张建立一个社会主义社会，但他幻想通过宣传和教育来实现这一目的。他还强调妇女解放，提出妇女解放的程度是人民是否彻底解放的准绳。

## 黑格尔

格奥尔格·威廉·弗里德里希·黑格尔（1770—1831），德国哲学家，出生于德国西南部巴登-符腾堡州首府斯图加特。18岁时，他进入蒂宾根大学学习，在那里，他与荷尔德林、谢林成为朋友，同时，为斯宾诺莎、康德、卢梭等人的著作和法国大革命深深吸引。许多人认为，黑格尔的思想，象征着19世纪德国唯心主义哲学运动的顶峰，对后世哲学流派，如存在主义和马克思的历史唯物主义都产生了深远的影响。更有甚者，由于黑格尔的政治思想兼具自由主义与保守主义两者之要义，因此，对于那些因看到自由主义在承认个人需求、体现人的基本价值方面的无能为力，而觉得自由主义正面临挑战的人来说,他的哲学无疑是为自由主义提供了一条新的出路。1807年,黑格尔出版了第一部作品《精神现象学》。《精神现象学》是一段伟大的概念旅程,带领我们从最基本的人类意识概念,走向最包罗万象而复杂的人类意识概念。

## 孔子

孔子(前551年9月28日,即农历八月廿七—前479年4月11日,即农历二月十一),名丘,字仲尼,汉族,春秋时期鲁国陬邑(今山东曲阜市南辛镇)人,先祖为宋国(今河南商丘)贵族。春秋末期的思想家和教育家、政治家,儒家思想的创始人。孔子集华夏上古文化之大成,在世时已被誉为"天纵之圣"、"天之木铎",是当时社会上的最博学者之一,被后世统治者尊为孔圣人、至圣、至圣先师、万世师表,是"世界十大文化名人"之首。孔子的儒家思想对中国和朝鲜半岛、日本、越南等地区有深远的影响。

## 老子

老子即李耳,字聃,一字或曰谥伯阳。汉族,楚国苦县历乡曲仁里(今河南省鹿邑市太清宫镇)人,约生活于公元前571年至公元前471年之间,是我国古代伟大的哲学家和思想家、道家学派创始人,被唐朝帝王追认为李姓始祖。老子故里苦县亦因老子先后更名为真源县、卫真县,并在鹿邑市留下许多与老子相关的珍贵文物。老子乃世界文化名人,世界百位历史名人之一,存世有《道德经》(又称《老子》),其作品的精华是朴素的辩证法,主张无为而治,其学说对中国哲学发展具有深刻影响。在道教中老子被尊为道祖。

## 李大钊

李大钊(1889—1927),字守常,河北乐亭人,中国共产党主要创立人之一,中国最早的马克思主义者和共产主义者之一,是中国国民党第一届中央执行委员会委员之一,也是在北伐时期推翻北洋军阀政府的要员之一,同时是共产国际的成员及其在中国的代理人。1927年被捕后遭张作霖处决。李大钊在中国共产主义运动和民族解放事业中,占有崇高的历史地位。

## 列宁

列宁(1870—1924),原名弗拉基米尔·伊里奇·乌里扬诺夫,列宁是他的笔名。列宁是无产阶级革命家、政治家、思想家、理论家,布尔什维克党创立者、苏联缔造者,任苏联人民委员会主席。他继承和发展了马克思主义,形成了列宁主义理论。他被全世界共产主义者广泛认同为"全世界无产阶级和劳动人民的伟大革命导师和领袖",也被世人认为是20世纪最伟大的人物之一。俄罗斯国家电视台2008年进行了一项关于国内最伟大历史人物的网上民意调查评选活动,经过统计,列宁位列第六,位于亚历山大·涅夫斯基、斯托雷平、斯大林、普希金、彼得大帝之后。

## 卢梭

让·雅克·卢梭(1712—1778),启蒙时代瑞士裔的法国思想家、哲学家、政治理论家和作曲家,是18世纪法国大革命的思想先驱,启蒙运动最卓越的代表人物之一。其论文《科学和艺术的进步对改良风俗是否有益》及《论人类不平等的起源与基础》确定了他在哲学史上的地位;他的《社会契约论》的人民主权及民主政治哲学思想深刻影响了启蒙运动、法国大革命和现代政治、哲学和教育思想。此外,他还著有《爱弥儿》、《忏悔录》、《新爱洛伊斯》、《植物学通信》等著作。

## 罗莎·卢森堡

罗莎·卢森堡(1871—1919),国际共产主义运动史上杰出的马克思主义思想家、理论家、革命家,德国社会民主党和第二国际左派领袖,被列宁誉为"革命之鹰"。在反对资本主义、修正主义和帝国主义世界大战的暴风骤雨中,始终英勇斗争,不畏强暴,展现了高度的革命乐观主义精神。1871年3月5日,出生于俄国占领下的波兰扎莫希奇的一个犹太人家庭,她原是波兰立陶宛王国社会民主党理论家。1898年移居德国柏林，并加入德国社会民主党，是党内的社会民主理论家。1914年，当德国社会民主党宣布支持德国参与第一次世界大战时，她和卡尔·李卜克内西合作成立马克思主义革命团体"斯巴达克同盟"，与社民党内以艾伯特为代表的右倾势力斗争。该组织于1919年1月1日转为德国共产党。1918年11月，在德国革命期间，她创办了《红旗报》，作为左翼的中央机构。1915年—1918年间被多次关押。罗莎·卢森堡起草了德国共产党党纲。她认为1919年1月柏林的斯巴达克起义是一个错误，但起义开始后她还是加以支持。当起义被自由军团镇压时，卢森堡、李卜克内西与其他数百位支持者被逮捕，遭到严刑拷打并被杀害。

## 马克思

卡尔·亨利希·马克思（1818—1883），马克思主义的创始人，第一国际的组织者和领导者，全世界无产阶级和劳动人民的伟大导师、政治家、哲学家、经济学家、革命理论家。主要著作有《资本论》、《共产党宣言》。他是无产阶级的精神领袖，是当代共产主义运动的先驱，支持他理论的人被视为马克思主义者。马克思最广为人知的哲学理论是他对于人类历史进程中阶级斗争的分析。他认为几千年以来，人类发展史上最大的矛盾与问题就在于不同阶级之间的利益掠夺。依据历史唯物论，马克思曾大胆地假设，资本主义终将被共产主义所取代。

## 毛泽东

毛泽东（1893—1976），字润之（原作咏芝，后改润芝），笔名子任，湖南湘潭人。中国革命家、战略家、理论家、诗人，中国共产党、中国人民解放军和中华人民共和国的主要缔造者和领袖，毛泽东思想的主要创立者。从1949年到1976年，毛泽东是中华人民共和国的最高领导人。他对马克思列宁主义的发展、军事理论的贡献以及对共产党的理论贡献被称为毛泽东思想。毛泽东担任过的主要职务几乎全部称为"主席"，所以被尊称为"毛主席"。毛泽东被视为现代世界历史中最重要的人物之一，《时代》杂志将他评为20世纪最具影响的100人之一。

## 孟德斯鸠

查理·路易·孟德斯鸠（1689—1755），法国启蒙思想家，社会学家，是西方国家学说和法学理论的奠基人。1748年他出版了《论法的精神》，全面分析了三权分立的原则。伏尔泰夸赞这本篇幅巨大、包罗万象的著作是"理性和自由的法典"。

## 尼采

弗里德里希·威廉·尼采（1844—1900），德国著名哲学家,西方现代哲学的开创者,同时也是卓越的诗人和散文家,他的著作对于宗教、道德、现代文化、哲学,以及科学等领域提出了广泛的批判和讨论。他的写作风格独特,经常使用格言和悖论的技巧。尼采对于后代哲学的发展影响极大,尤其是在存在主义与后现代主义上。他最早开始批判西方现代社会,然而他的学说在他的时代却没有引起人们的重视,直到20世纪,才激起深远的调门各异的回声。后来的生命哲学、存在主义、弗洛伊德主义、后现代主义,都以各自的形式回应尼采的哲学思想。尼采著有《悲剧的诞生》、《查拉图斯特拉如是说》、《偶像的黄昏》等著作。

## 欧文

罗伯特·欧文(1771—1858),英国乌托邦社会主义者,也是一位企业家、慈善家。欧文在历史上第一次揭示了无产阶级贫困的原因,并从生产力的角度提出公有制与大生产的紧密关系,他晚年还提出过共产主义主张。他最著名的著作为《新社会观》、《新道德世界书》。罗伯特·欧文是历史上第一个创立学前教育机关(托儿所、幼儿园)的教育理论家和实践者。教育与生产劳动相结合,是欧文对人类教育理论宝库的一大贡献。他认为,要培养智育、德育、体育全面发展的一代新人,必须把教育与生产劳动结合起来。

## 圣西门

克劳德·昂列·圣西门（1760—1825），法国哲学家、经济学家、社会改革家、空想社会主义者。与实证主义创始人奥古斯特·孔德相熟，曾聘其为秘书。圣西门出身贵族，曾参加法国大革命，还参加过北美独立战争。他抨击资本主义社会，致力于设计一种新的社会制度，并花掉了他的全部家产。在他所设想的社会中，人人劳动，没有不劳而获，没有剥削，没有压迫。圣西门一生写了许多著作，但直到1825年4月发表的《新基督教》这部圣西门最后的著作，才标志着他创建的空想社会主义大厦的完成。

## 斯大林

约瑟夫·维萨里奥诺维奇·斯大林（1879—1953），苏联共产党中央总书记、苏联部长会议主席、苏联大元帅，是苏联执政时间最长（1924—1953）的最高领导人，在任期间，全力进行社会主义工业化和农业集体化，使苏联成为重工业和军事大国，但同时也导致了乌克兰大饥荒。斯大林树立对自己的个人崇拜，实施大清洗，并对车臣等少数族裔进行压迫流放，严重破坏了民主和法制。第二次世界大战中领导苏联红军，与盟军协力击败轴心国，苏联领土也有了很大的扩张。战后他扶植了社会主义阵营，在冷战中与以美国为首的北约对峙。1953年3月5日因脑溢血去世。2008年，俄罗斯国家电视台举行了一次"最伟大的俄罗斯人"的评选活动,斯大林高居第三(四至六位分别是普希金、彼得大帝、列宁),仅次于亚历山大·涅夫斯基和斯托雷平。

## 苏格拉底

苏格拉底(公元前469—公元前399),古希腊著名的思想家、哲学家、教育家,他和他的学生柏拉图,以及柏拉图的学生亚里士多德被并称为"古希腊三贤",更被后人广泛认为是西方哲学的奠基者。身为雅典的公民,据记载,苏格拉底最后被雅典法庭以引进新的神和腐蚀雅典青年思想之罪名判处死刑。尽管他曾获得逃亡雅典的机会,但苏格拉底仍选择饮下毒堇汁而死,因为他认为逃亡只会进一步破坏雅典法律的权威,同时也是因为担心他逃亡后雅典将再没有好的导师可以教育人们了。

## 孙中山

孙中山,本名孙文,谱名德明,字载之,号日新,又号逸仙,幼名帝象。中国近代民主主义革命先驱,中华民国和中国国民党创始人,三民主义的倡导者。首举彻底反封建的旗帜,"起共和而终帝制"。1905年成立中国同盟会。1911年辛亥革命后被推举为中华民国临时大总统。1929年6月1日,根据其生前遗愿,陵墓永久迁葬于南京钟山中山陵。1940年,国民政府通令全国,尊称其为"中华民国国父"。他是一位在海峡两岸都受到敬重的革命家，中华民国尊其为国父，中国国民党尊其为总理，毛泽东和中国共产党称孙中山为"中国近代民主革命的伟大先行者"。

## 亚当·斯密

亚当·斯密（1723—1790），苏格兰哲学家和经济学家，是经济学的主要创立者。他所著的《国富论》成为了第一本试图阐述欧洲产业和商业发展历史的著作。这本书发展出了现代的经济学学科，也提供了现代自由贸易、资本主义和自由意志主义的理论基础。

## 亚里士多德

亚里士多德（公元前384—公元前322），古希腊斯吉塔拉人，世界古代史上最伟大的哲学家、科学家和教育家之一。是柏拉图的学生，亚历山大大帝的老师。公元前335年，他在雅典办了一所叫吕克昂的学校，被称为逍遥学派。马克思曾称亚里士多德是古希腊哲学家中最博学的人物，恩格斯称他是古代的黑格尔。作为一位最伟大的、百科全书式的科学家，亚里士多德对世界的贡献无人可比。他对哲学的几乎每个学科都作出了贡献。他的写作涉及伦理学、形而上学、心理学、经济学、神学、政治学、修辞学、自然科学、教育学、诗歌、风俗，以及雅典宪法。

## 《1844年经济学哲学手稿》

《1844年经济学哲学手稿》是卡尔·马克思在年轻时代为了总结自己的思想和弄清思考的问题而写的一个未完成的手稿,由三个部分组成,这是一部研究政治经济学和哲学的著作。该手稿中,马克思根据当时情况,对一系列德国的古典哲学(包括黑格尔的辩证法、费尔巴哈的唯物论)、英国的古典政治经济学(亚当·斯密)以及法国的空想社会主义进行批判性整合。该手稿可以反映出马克思已经完全脱离了黑格尔的理论。

## 《德意志意识形态》

《德意志意识形态》是一本哲学巨著文本,于1845年由马克思和恩格斯合著,于1932年在莫斯科出版。在1847年,《德意志意识形态》的部分内容在《威斯特伐里亚汽船》杂志8月和9月号发表过。本书第一次系统阐述了历史唯物主义的基本原理,如社会存在决定社会意识、生产方式在社会生活中起决定作用、生产关系必须适合生产力的发展等,标志着马克思主义哲学的成熟。此外,本书还批判地分析了当时的费尔巴哈、鲍威尔及施蒂纳的唯心主义历史观,批判了真正的社会主义或德国社会主义的各种代表哲学观点,表达了对科学社会主义的认识。

## 《反杜林论》

《反杜林论》是恩格斯于1876年5月底至1878年7月初的著作,是一部伟大的马克思主义著作,是马克思主义发展史上的一座丰碑。

## 《共产党宣言》

《共产党宣言》是无产阶级革命导师马克思、恩格斯受"共产主义者同盟"1847年12月伦敦第二次代表大会的委托,于1847年11月—1848年1月间共同撰写的关于科学共产主义的第一个纲领性文献。它是国际共产主义运动的第一个纲领性文献,是一部划时代的光辉文献。《共产党宣言》以辩证唯物主义与历史唯物主义为理论基础,以阶级斗争为线索,解剖了资本主义制度,阐明了资本主义的发生、发展和必然灭亡的客观规律;阐明了无产阶级作为资本主义掘墓人和共产主义创建者的伟大历史使命;论证了无产阶级革命和无产阶级专政是无产阶级获得解放的唯一道路;批判了打着社会主义招牌的同科学共产主义相对立的各种流派的所谓理论;奠定了无产阶级政党的学说,并确立了党的战略、策略、原则。

## 《关于费尔巴哈的提纲》

《关于费尔巴哈的提纲》写于1845年春,马克思生前未发表过。最早发表于1888年,恩格斯在《路德维希·费尔巴哈和德国古典哲学的终结》的序言中称这个文件为"关于费尔巴哈的提纲",并作为该书的附录首次发表。它被恩格斯称为"包含着新世界观的天才萌芽的第一个文件","历史唯物主义的起源"。《关于费尔巴哈的提纲》和《德意志意识形态》一起被公认为是马克思主义哲学,特别是唯物史观创立的基本标志。

## 《火星报》

《火星报》是由俄国社会民主工党的人士在德国所创办的一份政治性的报纸,系俄国社会民主工党中央机关报,第一个全俄政治报。1900年12月24日,由列宁、普列汉诺夫创办于德国莱比锡。《火星报》的座右铭是星火燎原,该句出于弗拉基米尔·奥多耶夫斯基对普希金的诗《致西伯利亚的囚徒》的回复;另外东干族亦曾有份以东干语撰写的《东方火星报》。《火星报》于1900年12月在德国首次发行,不久后即迁往德国慕尼黑进行出版,1902年4月移至英国伦敦出版,1903年之后移至瑞士日内瓦继续出版。该报为党制订了纲领草案,并筹备了党的第二次全国代表大会。1903年,该报发生分裂。以列宁为首的多数派退出了编辑部后,《火星报》便成为孟什维克派的喉舌,最后,《火星报》在1905年停刊,一共发行了112期,其中列宁参与编辑的前51期又被称为"旧火星报",52期以后的部分则被称为"新火星报"。

## 《莱茵报》

《莱茵报》，《莱茵政治、商业和工业日报》的简称，"德国现代期刊的先声"（恩格斯语，《马克思恩格斯选集》第1卷第514页）。

## 《路德维希·费尔巴哈和德国古典哲学的终结》

《路德维希·费尔巴哈和德国古典哲学的终结》是恩格斯为论述马克思主义哲学同德国古典哲学的关系，阐明马克思主义哲学基本原理而写的一部重要的哲学著作。写于1886年，同年发表在德国社会民主党理论杂志《新时代》的第4—5期上。1888年出版单行本。20世纪20年代末30年代初传入中国，曾出版过林超真、彭嘉生、张仲实等人的6种译本。这本著作全面论述了马克思主义哲学和黑格尔、费尔巴哈哲学之间的批判继承关系，系统阐述了辩证唯物主义和历史唯物主义的基本原理，具体说明了马克思主义哲学产生的理论来源和自然科学基础，深刻分析了马克思主义哲学在哲学领域中革命变革的实质。

## 《论十大关系》

1956年12月26日，《论十大关系》在《人民日报》公开发表。毛泽东《论十大关系》的讲话，初步总结了我国社会主义建设的经验，提出了探索适合我国国情的社会主义建设道路的任务。

## 《矛盾论》

《矛盾论》是毛泽东哲学代表著作,它是继《实践论》之后,为了克服存在于中国共产党内的严重的教条主义思想而写的。原是1937年7月—8月在延安抗日军事政治大学所讲的《辩证法唯物论》的第三章第一节。于1952年暂收入《毛泽东选集》第二卷,再版时移入第一卷。该书运用唯物辩证法总结了中国共产党领导中国革命斗争的实践经验,从两种宇宙观、矛盾的普遍性、矛盾的特殊性、主要矛盾和矛盾的主要方面、矛盾诸方面的同一性和斗争性、对抗在矛盾中的地位等方面,深刻地阐述了对立统一规律。

## 《前进报》

德国社会主义工人党中央机关报,1876年10月1日创刊。1875年5月召开的德国社会民主党和全德工人联合会哥达合并大会决定,两派的机关报暂时并列为新成立的社会主义工人党的机关报。

## 《人权宣言》

《人权宣言》,1789年8月26日颁布,是在法国大革命时期颁布的纲领性文件。《人权宣言》以美国的《独立宣言》为蓝本,采用18世纪的启蒙学说和自然权论,宣布自由、财产、安全和反抗压迫是天赋不可剥夺的人权,肯定了言论、信仰、著作和出版自由，阐明了司法、行政、立法三权分立，法律面前人人平等，私有财产神圣不可侵犯等原则。

## 《唯物主义和经验批判主义》

《唯物主义和经验批判主义》是列宁批判经验批判主义哲学思潮、阐述辩证唯物主义认识论的重要著作。1908年2月—10月在日内瓦和伦敦写成，1909年5月由莫斯科"环节"出版社出版。这部著作在国际上得到了广泛的传播，先后被译为20多种文字。它对中国思想界也有很大的影响，1930年，笛秋和朱铁笙第一次将它译成中文，由上海明日书店出版发行。

## 《新青年》

《新青年》是在20世纪20年代中国一份具有影响力的革命杂志，在五四运动期间起到了重要作用。16开，每月1期，每6期为一卷。自1915年9月15日创刊号至1922年7月终刊共出版9卷54期。由陈独秀在上海创立，群益书社发行。由陈独秀、钱玄同、高一涵、胡适、李大钊、沈尹默以及鲁迅轮流编辑。自1918年后，该刊物改为同人刊物，不接受来稿。该杂志发起新文化运动，并且宣传倡导科学、民主和新文学。俄国十月革命后，《新青年》又成为宣传共产主义的刊物之一，后期成为中共早期的宣传刊物。

## 《真理报》

《真理报》是1918年至1991年间苏联共产党中央委员会的机关报。《真理报》在1991年被时任俄罗斯联邦总统的叶利钦下令关闭,但同名的报纸不久后又开始发行。原《真理报》的大部分职员于1999年加入了新创建的网络媒体"真理报在线"。"真理报在线"目前是访问人数最多的俄罗斯新闻网站,它与俄罗斯国内正在发行的《真理报》没有任何关系。俄罗斯国内还有多份同名的报纸一直在发行。原《真理报》在西方乃至全世界都以其政治色彩而著称。

## 《政治经济学批判大纲》

《政治经济学批判大纲》是恩格斯的第一篇经济学著作。写于1843年底至1844年1月,1844年2月发表在《德法年鉴》上。中译本收入人民出版社1956年出版的《马克思恩格斯全集》第1卷。研究了资本主义社会经济制度和资产阶级政治经济学的基本范畴,论述了消灭私有制的必要性,对社会主义革命作了初步论证,是马克思主义发展史上第一篇经济学著作。

## 《中国社会各阶级的分析》

1925年毛泽东发表了《中国社会各阶级的分析》一文。他运用马克思主义的观点科学地分析了中国社会各阶级的经济地位和政治态度，辨明了中国革命的对象、领导力量、同盟军等中国革命的基本问题。他指出："谁是我们的敌人？谁是我们的朋友？这个问题是革命的首要问题。"一切勾结帝国主义的军阀、官僚、买办阶级、大地主阶级以及附属于他们的一部分反动知识分子，都是我们的敌人；中国工人无产阶级是革命的领导力量；农民是中国无产阶级最广大和最忠实的同盟军；民族资产阶级是一个动摇的阶级，在对待革命的问题上有两面性，其右翼可能是我们的敌人，其左翼可能是我们的朋友，无产阶级要时常提防他们扰乱革命的阵线。毛泽东的这篇文章，提出了关于中国新民主主义革命的基本思想。

## 《资本论》

《资本论》是马克思的著作，以唯物史观的基本思想为指导，通过深刻分析资本主义生产方式，揭示了资本主义社会发展的规律，同时也使唯物史观得到了科学的验证和进一步的丰富发展。《资本论》运用唯物史观的观点和方法，将社会关系归结为生产关系，将生产关系归结于生产力的高度，从而证明了社会形态的发展是一个不以人的意志为转移的自然历史过程。

## 《自然辩证法》

《自然辩证法》是德国哲学家弗里德里希·恩格斯一部尚未

完成的著作，是恩格斯多年来对自然科学研究的总结。对19世纪中期的主要自然科学成就用辩证唯物主义的方法进行了概括，并批判了自然科学中的形而上学和唯心主义的观念。在恩格斯去世后，1896年发表了其中一篇论文《劳动在从猿到人转变过程中的作用》，1898年发表了其中另一篇论文《神灵世界中的自然科学》，直到1925年才在前苏联出版的德文和俄文译本对照的《马克思恩格斯文库》中全文发表。